John von Kleist

Etikettenangst und Höhenschwindel

ausgewählte Gedichte 2013 bis 2018

Bibliografische Information der Deutschen Nationalbibliothek:
Die Deutsche Nationalbibliothek verzeichnet diese Publikation
in der Deutschen Nationalbibliografie; detaillierte
bibliografische Daten sind im Internet
über dnb.dnb.de abrufbar.

© John von Kleist
Herstellung und Verlag:BoD – Books on Demand, Nordstedt

ISBN: 9783749481330

John von Kleist

Etikettenangst und Höhenschwindel

ausgewählte Gedichte 2013 bis 2018

Inhaltsverzeichnis

_____Begegnungen_9
_____Bezeichnungen_49
_____Bedeutung_87
_____Umgebung_123
_____Epiloge_154

Chance, leichtfertig vertan

wenn man es langsam angeht
wenn man sich langsam annähert
besteht durchaus die Gefahr
dass man sich nie begegnet

Mitgefühl und Gegenrede

du schrammst
immer daran vorbei
manchmal knapp
manchmal weit
manchmal alleine
meistens zu zweit

Staubfänger

was ich berühre
zerfällt förmlich zu Staub
was mich irritiert
ist dabei der Applaus

ganz schön dreist

du hast dein Spiel noch nicht gemacht
den Einsatz noch nicht festgelegt
sogar die Teilnahmebestätigung fehlt
und doch forderst du jetzt schon
den Hauptgewinn ein

Notfall

ich zähle zu jenen
die sich ungern zählen lassen
und nur im Notfall erwägen
euch zu begegnen

Eine neue Wohngemeinschaft

du begreifst
dass ich dich nur begleite
und dann zeigst du
mir flux unsere Flurtür

Oh Du!

Du mein mir allerliebstes Du!
Bleib bitte bei mir aber beachte dabei:
was du hast und was du treibst
was dir glückt und was dir bleibt
und generell wie es dir geht
ist, wie sich leicht zeigen lässt
nicht von Belang

Konsequenz

ab in die Krise
dort gehörst du hin
ich käme ja mit
wenn ich nur wüsste
dass du das auch willst

Annäherungsversuch

komplizierte Komplimente
an das Leben
und an dich
ihr seid nicht einfach
deswegen habe ich für euch
nur Komplementärkomplimente
parat

Du freust dich mit den Jubeltieren

was soll das nützen
wozu bitte gut sein
sich selbst zu imponieren

du leidest an der Klagemauer
und jeder kann es sehen
du leidest gerne bequem

du klammerst dich an Klammeräffchen
für wen soll das gut sein
wem soll das helfen

du kompromittierst meine Kompromissbereitschaft
das lässt man dann
besser unkonotiert

Anrede

willst du es mir Morgen
nicht so richtig besorgen?
dann bleib
hier nur kurz stehen
ich muss nur mal eben
schnell telefonieren

Gute Nachricht!
...schon weg?
Wer Angst denn wohl Angst
vor Frauen im Bett

Amphiphobie

wenn du nicht da bist
dann will ich gar nicht weg von dir
doch wenn du neben mir sitzt
verhält es sich glatt umgekehrt

ich werde nicht
weit weg von euch schlafen
und träumen gewiss
werd ich von euch

und ich vermag nicht zu sagen
was ihr derweil fühlt
wenn einer von uns
denkt der andere fehlt

und ich versuche zu verneinen
dass dies eine Schuld nur ist
doch sicher bin ich
mir dabei nicht

und ich versuche zu glauben
dass du nicht leidest
doch wahrscheinlich ist es
dafür schon zu spät

Lieber ein Hauch von nichts als ein Handschlag

du reichst mir die Hand
doch das reicht mir nicht
ich will auch deine Brüste
und dein Gesicht

Rabattmarken

ich will dich
vernaschen
von Angesicht
zu Angesicht
denn du bist
über die Maßen
gegen die Massen und Tierhaltung jeglicher Art
und gegen einen Basisbedarf an Vernichtungswaffen
und gegen NSA und Flüchtlingsskandale und jegliche Art
von Bestattungsritualen
und so unendlich
ansehnlich

Aber ich wollte die andere

du bist eine von diesen gelblieben
die nie etwas sagten
nie etwas bewiesen
ohne einen Lageplan
und eine von jenen
die nichts erreichen
was sich möglicherweise
nicht auszahlt

und eine von denen
die nie was erwähnen
wenngleich sie auch wissen
was gleich passiert
so magst du sein doch
ich kanns nicht verschweigen
dass mir dabei
sehr sonderbar wird

Selbstgespräche

dort wo man früher die Stimmen hörte
ist es jetzt ganz still geworden
niemand flüstert mehr
wenn Regen fällt

ein Areal
der Ahnen
ausgeliefert an den Segen
der gebliebenen Umgebung

wer spricht zu dir
wenn du dich hörst
der Andere
lauscht ebenfalls

geh und hol dir ein Rezept
schnell bevor der Schmerz abebbt

noch bin ich hier
bis du zurückkommst
noch bin ich der
den du verliest

Neues von zu hause

du siehst doch
dass du hier willkommen bist
alle Hände geöffnet
alle Türen geöffnet
der Kühlschrank geöffnet
man begegnet sich
mit freundlichem Gruß
wie gut, dass ich mir all das
nicht zu Herzen nehmen muss

Der Letzte

wenn alles um mich
herum still wird verliere
ich den letzten Gedanken
an dich

wenn alles in mir
dann klein bei gibt
ist auch die Zeit des
Zweifelns vorbei

wenn mir alles
über den Kopf wächst
seh ich die Wolken
von unten wie du

wenn sich dann alles
wiedermal einrenkt
dann war das alles
kaum wie geplant

Scherenschnitte im Altpapier

es ist ganz selten so verlaufen
wie wir es vereinbart hatten
vielleicht liegt es
aber auch nur am Licht
denn das erzeugt Schatten
in denen nichts glänzt

wir haben etwas zusammengerauft
sind dabei auseinander gedriftet
was uns beide heute noch eint
das hat uns bisweilen vergiftet

wir haben Lieder liegen lassen
um sie wiederaufzunehmen
es bleibt ein Gefühl
doch fehlt Überzeugung
wir handelten aus Scham
und es war einfach zu bequem

Verzicht
wie einstudiert
ich auf dich und
du auf dies

Lernen durch Schmerzen

mein kleiner Schatz
was bist du nass
von deinen Tränen
das liegt daran, dass
ich habe den Balken übersehen

Raub

du überfällst mich mit diesen Geschichten
als ob du nichts von mir wüsstest
erzählst von deinem Akkordeon
und mein Überwürfnis

ich gebe mich wortlos
auf diesem Platz
obwohl mir überlange Pausen
oft Angst einflößen

es bleibt die wildeste
der Gegenwarten

Jugendstrafrecht

auf deinen Hinterbeinen
stehst du schon ganz alleine

auf deinen Hinterfüßen
musst du dafür büßen

Halbtags

du leidest leise
an meinem egozentrischen Geschrei
zwölf Stunden jeden Tag
dann drehst du
den Spieß einfach um

Besinnung

wir lagen gemeinsam nebeneinander
im Stroh
die Halme, sie piksten
mich ins Gesicht
und dich in den Po

wir fuhren zusammen
auf Fährten hinaus
mit fremden Zielen

wir wussten nicht wie
doch ehe wir uns versahen
stiegen wir aus

der eine, der ging
der andere blieb
Ende vom Lied

Heimkehr

du kamst
mit nichts zurück
du hattest etwas
vergessen

Könnte

könnte ich schreiben wie ein Goethe
dann schrieb ich von Sorgen und Nöten
könnte ich kritzeln wie Picasso
dann lies ich dieses Lasso ruhn

gäbe es den Teufel noch
ich ginge wohl ein Stück mit ihm
doch heute ist Mephisto
ein Menschenrecht geworden

es fällt mir bei Gott nicht ein
im Überfluss zu handeln
jede Geliebte erhält
nur eine Kopie meiner Briefe

was dort so friedlich vor mir liegt
das nennt sich wohl Höhle
ein überdachter Strand mit Souvenirs
vom anderen Ende der Seele

nenne mir den Ort
an dem du leben willst
und ich besorge dir flugs
ein Sonnenschild

und sag mir schnell noch, wen du liebst
bevor sich unsere Wege trennen
dann kann ich nicht mehr daran zweifeln
dass es sich lohnte durch die Welt zu rennen

sieh nur

hast du nicht gesehen
wie mir dieser Einfall kam
dieses hier jetzt wegzulegen
zumindest fürs erste

eine zweite Lösung zu wählen
sie machen die Rechnung
auch ohne uns
geknebelte Bindung
brummt noch von Anfang

Von einem, der eine flach legte,
neben ihr aufwachte und dies bereute

aufgewacht
schon wieder tot
was wollte ich noch gleich von mir?

angedacht
im Morgenrot
dabei könnte es auch bleiben
doch ausgemacht
für Freitagabend
den Rest des Lebens leiden

Reue im letzten Akt

wenn mich etwas beunruhigt
dann deine Unschuld
die du an den Tag legst
wenn er dich besteigt

Teenagerphantasien

ich bin ein kleines Mädchen
in einer großen Welt
wäre es andersherum
hätte ich das schon bemerkt

Intersubjektivität

ich starre in mein Tagebuch
auf der Suche nach Eigentlichkeit
doch vor mir liegt
nur Sekundärliteratur

Der Unterschied zwischen Objekt und Produkt

der Wachsinn kommt geritten
auf einem tollen Schlitten
er reicht mir seine Hand
und sagt nur
'Auf dann'

Verführung

kleines Kätzchen
hier mein Schoß
setz dich doch
ist fast umsonst

süßes Frätzchen
hier mein Roß
nimm schnell Platz
bald geht es los

Befehlstod

sitzt ein Diktator auf dem Klo
wird seines Lebens nicht mehr froh
steckt ihm doch die eigene Scheiße
nicht locker im Arsch
sondern feste im Halse

Weggefährten

es gingen einst zwei Lausefüßler
an mir vorbei
an dir vorüber
und ohne Erfolg
kamen sie wieder

was sie wohl taten
in der Zwischenzeit
daran hatte keiner
von uns je gedacht

Sitzen, Trinken

Sie saßen bei Tische
und tranken gar viel
die Gedanken, sie wichen
dem schönen Profil

sie gingen zu Bette
und wollten nichts wissen
von Metaphysik
und ihren Verrissen

sie erhoben sich wieder
zum Anbruch des Tages
sie war eine Hexe
und er eine Plage

und beide wussten
es geht auf das Ende zu
und sie sagte Versager
und er blöde Kuh

Gefühl und Empfindung

ich fühle mich beschissen
ich habe ihr das Herz zerrissen
und den Großteil auf dem Markt verhökert
um den Rest hab ich gepokert

wie können zwei lieben
wenn der eine nur gibt
was der andere liebt
nichts zählt als Entscheidung

ich habe meine Bahn verlassen
zahle nicht mehr
für die Jahreskarte
die sich gestern zum letzten Mal jährte

ich stecke hier
auf einer Insel fest
die gar nichts von mir haben will
drum behält sie auch nicht viel

dieses Inselchen
das liegt im Süden
man feiert keine Orgien
man ist mit sich selbst zufrieden

Karlsruher Väter, Karlsruher Täter

du hast die ganze Zeit beseitigt
hast sie getilgt aus euren Körpern
alles was kommt wird aus Vorrat bestehen
alles was geht
bleibt weg

Umlaufplan

wo vollziehst du
deine Bahnen
auf der Schlittschuhschnellaufstrecke?
es stürmt
was dir verborgen bleibt
ich kann es erahnen
du wirst mich nicht bitten
von meinen Ämtern zurückzutreten
vielmehr aus deinem Leben
und hinter mir liegt
ein Graben, du folgst
nur halte ich das
für eine Beschränkung
du bist nicht zufrieden
mit dem was gewesen
ist und mit den Waren
und Wohnen und
Nöten der Schuld
lassen dich mich zurück

Rosinante

Du wundervolles Roß
komm setz dich auf mein Schoß
du wundervolle Mähre
ich kämm dir jede Strähne
ich streichel dir den Bauch
vielleicht du mir dann ja auch

entweder breche ich Herzen
oder meines zerbricht

Anschein

nur unter Zeugen hast du Zeit für mich
und Ohren und Augen nur wenn es sich ziemt
du hast geglaubt mir etwas zu bedeuten
und Recht hattest du, mit der Zeit immer mehr

doch wir begannen zu treiben
auf dem was unter uns lag
zu selten sind wir aufgestanden
und haben uns beide gefragt

wie sollen wir uns verbeugen
vor diesem Außen
damit es uns respektiert

Bei Nacht liebe ich euch!

Wo seid ihr? Kommt, wir gehen was trinken
über Dinge reden und rauchen
musizieren und laufen
durch die einzigartige Schwülheit dieser
sommergetränkten Seitenstraßen
selbst bei Nacht scheinen sie
um ein Schloß geschlungen
um einen jemand
der sich versteckt hält

Paarreim

willst du mit mir
gleich jetzt und hier
an meine Hoden
ohne doppelten Boden
an meinen Schwanz
ohne Konstanz
an meine Eichel
ganz ohne Streicheln
hast du noch Zweifel
dann lass es bleiben

Leistungsträger

nur in meinem Rücken
fühlst du dich noch wohl
dabei ist doch mein Rücken
gar nicht so toll

Freund

weißt du, Stefan
Freundschaft ist nichts
was endet oder beginnt
sie ist nur anwesend
oder abwesend

Aussichtsplattform

Nino sitzt im Regen
zumindest sieht es danach aus
seinen Kopf hält er fest
als würde er denken
er hat Freunde dabei
doch sitzt er gern allein
oder zumindest
sieht es danach aus

Rücksprache halten

ich stolziere durch mein Zimmer
was bin ich überzeugt von mir
ich fühle mich wie durch und durch
nur das leise
Wimmern in meinen Kopf
sorgt für Konzentration

Sieger

ich würde gerne
deine Zeit totschlagen
und ja, dich übrigens auch
denn ich traue mich nicht
danach zu fragen
was du hier noch willst
und wovor dir graut

Westernromantik

du wohlgesäumte Mähre
komm her lehn
dich an diese Lehne
dafür ist sie gemacht

wie du da so dalehnst
hat wirklich Seltenheitscharakter

zufällig Ghandi

zufällig traf ich Ghandi
an einem Sonntag Nachmittag
in der Freiburger Innenstadt
mit einem Stadtplan in der Hand
und ich fragte ob ich
vielleicht weiterhelfen könne
doch sagte er
nein
er sei hier derjenige
der anderen weiterhilft

Diese Eingebung erfordert ein Ausweichmanöver

berühre mich
mit deinen Lippen
sage mir etwas
mitten ins Gesicht
du zumindest
spürst mich so nicht
fühlst dich nicht an
füllst mich nicht aus

ich wärme dich ein bisschen
nehme dich in den Arm
morgen ist Mittwoch
nichts werden wir lernen

Muster und Ornament

kaum zurückhaltend
tangential abgezweigt
schneckengleich verzwirbelt
streifen wir durchs Niemandsland
vereint wie selten
in Lücken
in die sonst nichts passt

Ohne dich ist bisher alles anders als alles sein wird

du keimst
keines meiner Worte
wird dich versiegeln
wirst du je
Schnee sehn in den Bergen?
wir sind uns
erst vor wenigen Stunden begegnet
und schon muss ich dich wieder
gehen lasen
und ich wünsche dich
für immer herbei

Schlottern

auf heißem Lavastein serviert
kommt der Tintenfisch
sehr elegant
schmeckt aber fürchterlich

das Kind, das steckt im Wagen fest
dreht sich nicht in die Fremde
deine Mahnung lässt mich kalt
ganz allgemein und im Detail

und zähneklappernd liegt
der Hund unter dem Tisch
und meine Augenklappe liest
heimlich deine Emails mit

und der Sommer der erstickt
an seinen eigenen dreckigen Lügen

Beziehung auf Raten

ich mach dir den Hof
du fegst mir den Flur
ich mach dir ein Kind
worüber du fluchst
ich mache dir Hoffnung
du nimmst mir sie
ich mach mir Gedanken
und du dir die Nägel
im Passiv

Libidomangel

ich würde gern an Brüste denken
doch das Bedürfnis nach Liebe
bremst alle Triebe

Wenn Eltern an Elektra leiden

liegt das nicht am Elternsein
sondern nur am
älter werden

Kompromiss

ganz wie es dir beliebt
verhältst du dich
mir gegenüber
auch wenn es sich nicht ziemt
hast du dafür Lob verdient
wohin die Reise geht
hast du an die Wand gepinnt
dass ich nicht dabei sein kann
bleibt meistens unerwähnt

das alles um mich tieft
scheint ein Naturgesetz zu sein
wenn ich kaum noch etwas spüre
bin ich nicht mehr allein

der Zufall am Ende der Leitung
nur einer, der sich darauf stürzt
nur ihm erzählst du
wovon du träumst

der Morgenhimmel
widerwärtig aufgeräumt
Wolken, Helden
vielleicht ein Erzeuger

Schlussstrich, durchgezogen

nach so vielen Jahren Gemeinsamkeit
bleibt nur noch ein Schluss
wir hätten uns noch viel zu sagen
doch darüber kann man nicht reden
also dann tschüss

Unruhen

der Darm zwickt
der Arm bricht
die Kehle kratzt
der Kopf zerplatzt

der Bauch ist gebläht
jede Hilfe zu spät
der Magen rumpelt
der Horizont verdunkelt sich

Schuld ist die Ernährung
Schuld hat die Aufklärung
Schuld im Hier und Jetzt
hat wer es lässt

Dorfkrimi

er fuhr nur wenige Meter
mit dem Fahrrad raus aufs Land
es ward nur wenig später
als er ihre Leiche fand

Ohne

ich muss immer alles
parallel erledigen
Anstellen ist nicht
es führt daran
kein Wagen vorbei

Weltenbummler

„Wenn man stets der Sonne folgt
geht man dann nicht im Kreis?"
„Das hängt von deinem Weltbild ab.
Davon ob es rund
oder eckig ist."

Ihr Starken

wo ward ihr nur die ganze Zeit
habt nichts zustande gebracht
keinen Millimeter
habt ihr mich bewegt
nun schaut wo ihr bleibt
hier ist kein Platz mehr
für euch frei

Vorfahren

halten sie euch
solltet ihr euch entfernen
beglücken sie euch
solltet ihr lernen

was sie versprachen
steht noch bereit
als fahle Möglichkeit
der niemand mehr Herr wird

es zeigt sich allen
dieser farbige Schriftzug
macht sich unter den Dingen
breit, verführerisch breit

es herrscht ständig Streit
zwischen dem Verborgenen
und der Öffentlichkeit

Weggefährten

in Erinnerung
kannst du mal halten
keiner da
ich bin sehr froh dass
sprechende Navigationsgeräte existieren
alleine in Frankreich Karten lesen
während der Autofahrt
völlig unnötig
gefährlich und einsam

Fast wie ein Liebespaar

ähnlich der Einheit
bestätigst du deine Freizeit
in der man nichts tut
außer einer Kleinigkeit

Zeit zu zweit

du schreist mir
mitten zwischen die Augen
das Licht in meinem Zimmer
brennt nachts nur noch für dich
es erlischt wie von selbst
wenn die Sonne angeht

Ferkel quieken in meinen Träumen
zuerst erwachen diese
dann ich

daraufhin stellst du fest
dass ich hier nicht mehr schlafe
trotzdem bleibe ich liegen
an Ort und Stelle

denn wir waren selbst diejenigen
welche gemeinsam beschlossen
nicht den Mond anzuheulen

Wiedersehen

fahl bist du geworden
vielleicht irrst du heute noch
abgeholt, faul
bist du geworden
vielleicht beendest
du es bald

einsam sitzt du hier
ganz ohne Zeugen
und auch ich
ging schon vor langer Zeit

Wunsch

nichts von deiner unsagbaren Tugendhaftigkeit
begehrt deine Taten

keine Freude unter lila lackierten Tränensäcken
was du davon behältst
kannst du jetzt schon vergessen

kein Zweifel durchzuckt
den ferngesteuerten Dauerglauben
an was du nicht denkst
ist das Scheitern der Anderen

nichts in meiner aufgefressenen Geschwindigkeit
gibt mir das Gefühl
weniger zu werden

wenn du in meine Nähe kommst
füllt sich alles mit Schwere
wenn du mir den Rücken kehrst
beschließe ich mich wieder zu zeigen

Freunde und Verwandte

ich hatte früher
immer Leute bei mir

die sind jetzt
meine Erinnerung

jetzt ist die Klingel
nur noch ein Alarm
nicht mehr allein zu sein
für zwei Minuten

niemand will, alle tun

wer wollte versuchen
es auszuprobieren
sich gegen das zu stellen
was alle kapieren

ich will nicht hier
und dort nicht minder
ein Klagelied singen
von unseren Kindern

ich möchte nicht
dass ihr das ertragen müsst
es ist an der Zeit
für die Fahrt nach hause

Heute

gestern etwas erreicht?
oh nein, ganz im Gegenteil
nicht einmal
ein Foto von dir
die Rahmen vergilbt
so kann ich nicht sehen
was ich hier noch will

Flugstunde

wer will schon die Berieselung verfluchen
es rieseln auch Rinnsal und Riesenrad
wer will denn die Jugendlichen
als laut und dumm beschimpfen?
Sind Affen nicht lauter
und intelligent nur dann
wenn wir es prüfen?
Wer wollt es uns zum Vorwurf machen
wenn wir uns bei Zeiten
in Erdlöchern verkriechen

und wer will Übertreibung tadeln?
Ist sie nicht der Wahrheit
zu oft am nächsten?

was der Mensch zu bieten hat
trockenes Brot schmeckt am besten
gerade vom besten
Wein ist ein Glas nicht genug

Lust

ich möchte laut um Hilfe schreien
aus meiner Dachkammer heraus
die ich bewohne
hinaus ins lichtverschmutzte Schwarz
ich möchte um den Austritt bitten
aus dieser Datenbank
doch käme wer um mich zu retten?

ich werd das nochmal überdenken
ohne Hilfe lebt sich's besser

Sandkuchenuhr

nur Sekunden nach
dem du Stunden lang standest
kam einer gerannt
und fiel hin
kurz bevor
er dich erreichte

Elite

Bilderbetrüger
Kinderkrieger
Inländerdiskriminierung
Verweigerungsoppurtonismus
Motivationstiefberater
Erlebnismittelvertreter
allgemeine Selbsterfahrung
Fortschritt statt Paarung
Konsummissbrauchszentrale
integratives Frauenhaus für Dänen
Schlachtschutzkommitees
demokratisierte Bierzelttrunkenheit
Sonderaufsatzbewertungseinheiten
Steinbearbeitungsstileichung

Der Taumel

filigrane Taumelei
fand statt an diesem Osterabend
ja, Gefühl war auch dabei
doch viel mehr hat nicht stattgefunden
dafür erklärte er sich vogelfrei
untertage abgeschlossen
seine Träume wurden geboren
sein Kopf verblich im Sommerlicht

Verlust von Konfliktlösungsstrategien

es ist schrecklich
seine Brille
ohne seine Brille
suchen zu müssen
eigentlich schade
dass man sie mit
nie suchen muss

Es ist

als ob du bei mir wärst
ganz genauso einmalig wie immer
fast ist es
gleich schon wieder vorbei
da klingelst
du an der Tür

Leider auch Freunde

sie kommen durch Wände
und wollen nicht auf Böden schlafen
sie reden behände
wollen sich einen Vorteil verschaffen
ihr anderen, ihr
seid auch nicht besser als die

Eismann

nicht eine Straße
führt an deinem Haus vorbei
die Briefe
die ich schreibe
werden ungeöffnet bleiben
jedes laute Wort
und jedes leise
meint dich
doch jeder Name
den ich dir gebe
kehrt wieder zurück

over and out

vielleicht war es das
vielleicht ist es vorbei
vielleicht hört es jetzt auf
wie etwas zu scheinen

vielleicht lass ich es
vielleicht verlässt es mich
vielleicht sind wir
schon lange dabei

Göhrls

die eine will nur sehr vielleicht
die andere, die gibt zu wenig
das ist mir jedoch scheißegal
und noch nicht einmal beschönigt
denn worum es hierbei geht
bleibt stets das selbe:
ein angemessner Ausgang zum Abgang

Auslauflandschaftsmodell

Quantenquarantäne
hier bewegt sich keiner mehr
hier zuckt kein Atom
ein Laserstrahl
im blinden Fleck

was uns die Zukunft bringt
wird in Vergangenheit entdeckt

Siegeslust

trunken von wehenden Fahnen
im Wind kehrt alles zurück
und in Kürze sicher auch ich

geblendet vom Einfall
des Lichts durch den Spalt
getrennt durch den Winkel
der bis auf weiteres bleibt

Nadelöhr

gebeugtes Gebrechen klebt dir an den Fersen
hältst du es für ein Späßchen
wirst du dafür büßen
all jene Schelme in deinem Unterkleid
sie kribbelten und krabbelten
vielleicht zur rechten Zeit

mit deinen Locken vermagst du mich milde zu stimmen
doch deine Sprache zerstört meine Sinne
all deine Hoffnung
aus Unterwerfung abgeleitet

behalt deinen Stolz
nimm ihn mit ins Grab
aber mich
mich lässt du bitte hier

Gehirntot

haben wir nicht einst
den Toten Leben eingehaucht
als uns die Welt zu klein geworden war

es wäre schön sie neu zu hören
deine Stimmenfacetten am Telefon bröckeln
die Welt ist größer als das Leben

Verbindung gestört

niemand vermisst mich
keiner schreibt mir
und wen ich auch rufe
niemand nimmt ab

niemand sehnt sich
kein Mensch verzehrt sich
wohin ich auch gehe
überall nur Gedanken

Blutfleck

Schmutz oder Liebesbeweis?
oft ist es beides
zu selten
nur eins

Ein Salut

Ringelsalven
einer verrät sich dadurch
ein anderer
bemerkt sie
nicht einmal

Versammlung der Verantwortlichen

Kolloquium der Schwerenöter
wer ist hier Opfer
und wer der Täter?
Ich, ich! Nein, ich, nur ich!
schallt es aus der Menge

Karteileichen

Konsequenz
Kulanz
Kondolenz

Einberufung

nur Welt spricht um der Sprache Willen
aus ihrem Munde tropft die Muttermilch
um den Durst der Luft zu stillen
den sonst niemand haben will

Wiederverwertungsgemeinschaft

eine reelle Plastiktüte
nur Philosophie
nicht Jute
macht Lust
auf Wiederverwertung

Widerlich

wie ekelhaft
wären Finger ohne Fingernägel
sie wären fast so widerwärtig
wie ein Adler ohne Segel

Altersweisheit

von erfahrenen Männern
sagt man zu Weilen
sie wüssten genau
wie es sich anfühlt zu leiden
doch sagt man das nicht ebenso
von blutjunge nMädchen?

Nachtsicht

weil nachts der Himmel dunkel ist
weiß ich am Tage nicht was richtig ist
was in der Schwärze so klar vor mir liegt
im Hellen jedem Sinn entbehrt

weil zu viel Zeit auch schädlich ist
lässt sich das Einzelne kaum noch begreifen
und das letzte bisschen Zuversicht
führt dazu das alles bitter schmeckt

Umgangsformen zeugen

Hhahathatshatschatschhatschi
HHAHATHATSHATSCHATSCHHATSCHI
Geh Sünde halt

Kernkompetenz

sicher hätte können sein
das schließt keine Frage aus
können bleibt problematisch
und was nicht ist
steht stets bevor

eine erdrückende Last
auf dem bisschen
was alles ist
und nichts ist

Prognosennotation

das Kalendoskop
dreht sich
macht dicht
schließt die letzte Chance zu entkommen

Ausstellungsschwein

Haken in der Wand
aber keine Leine dran
um ihm Bedeutung einzuhauchen
Verstand im Kopf
aber keine Szenerie
in der sich daraus etwas ergibt
ein Schwanz in der Hose
mal steif
doch meist lose und weich

Du und ich

beeindruckend
der Stand der Dinge
und völlig frei von Ironie
ich bin zwar noch nicht ganz zufrieden
doch generell bin ich das nie

Vermächtnis

es sprach der Künstler
gegen Ende seines Lebens
„Den großen Wurf,
den überlasse ich
lieber doch
den Leichtathleten."

Partizipationsgedanken

Gefühle für Gedanken
die sind nicht frei von Schranken
Gefühle für Objekte
die liegen in der Ecke
Gefühle für Geliebte
so sind sie halt, die Triebe
Gefühle für Organe
mir schwant Übles, ich erspare
mir und euch den Rest
alle Gefühle sind gleich
entweder egoistisch
oder selbstdestruktiv
damit ist alles
abgedeckt

Witzbold

der Beweis
der Existenz
liegt abseits
der Hauptverhandlung

Informationsknotenpunkt

wer weiß vom Leben mehr zu sagen
als ein Eber im Erdloch?
all die Denker und Redner
die Bedienung, der Chefkoch
sie mögen sehr wohl Spezialisten
ihres Faches sein, ausgezeichnet
mit Papieren und Stempeln
Pralinen und Entgelt
als Beleg
für ihre Genialität

aber was ein Eber im Erdloch
vom Leben so weiß
da staunt selbst der Frosch
in seinem Teich

Parkett

alles am Boden
liegt mir zu Füßen
alles fällt
alles mir zu
alles schreibt
nur ich kein Buch
durchhalten
hilft nicht mehr weiter
nur Teppichboden
vermag den den Schmerz zu lindern

Ein Blindtext

ihr wisst schon
mit geschlossenen Augen geschrieben
und ich wünschte es
wäre dabei geblieben

Egozirkel

wir stellen mit Erschrecken fest
dass Liebe nicht das Nächste ist
auf diesem Auge waren wir blind
übersät mit blinden Flecken
man will die Welt beim Kragen packen
und schütteln damit sie etwas zu erzählen gibt
und quetscht das letzte bisschen Leben heraus

Einfach mal aufhören

wenn es sich falsch anfühlt
nur noch du selbst du sein
höre auf damit
deine Zeit zu verschwenden

Wegkleid

Nur die Taten sind noch krank
sie liegen da und röcheln
wäre ich ein richtiger Mann
so würde ich wohl Säcke schleppen

Easy peasy

Einfach alles fallen lassen
irgendetwas
fängt dich schon auf
und sehr wahrscheinlich
ist dann etwas
anders als zuvor

Amateurornithologe

diese Meise ist
wie die meisten anderen Zugvögel
Fluch und Segen zugleich

Walk-by-intention

der Sinn im Vorbeigehen
liegt meistens im Hinsehen
nur noch selten verstellt
von Verborgenen

bevor mir mein Verlangen
all das nimmt was ich begehr
verweise ich es in seine Schranken
nur im Vorbeigehen
kann man leben

Produktionsbedingungen für Gefühle

ich denke so oft
ich hätte etwas produziert
dann stelle ich fest
dass es sich nur so anfühlt
dann fühle ich nichts mehr
und du nichts mehr für mich

ich meine so oft
es gäbe etwas
ganz alleine nur für mich
doch kein Zeichen
bleibt euch vorenthalten

Archivierung

kein Anfang
stetiges Schweigen
gespannt auf das folgende
Wortopfer

Text ohne Adressat

dies ist ein Text für die Liebe
einer, den es nicht gäbe
wenn ich sie nicht verdiente

Auf dem Fußboden schlafend

meine Decke ist immer dabei
als Mantel oder Hund getarnt
mein Zimmer ist rar
ich bin nirgends zu hause

Ist doch egal, wen ich liebe

oh ich liebe dich
so abgöttich
dies Gefühl ist ein Gemich
aus Samt und Saum und Zaudern

Unterlagen

der vielleicht
bequemste Beweis für das Sein
ist Unbehagen
in Unterlagen
macht alles frisch
was sich nicht finden lässt

Gebrauchtkauf

meine Waschmaschine
klingt wie ein Laserschwert
das mag eine Fehlleistung
meine Assoziationskraft sein

Rückversicherung

man könnte ja versuchen
im Schlechten wie im Guten
zusammenzuhalten
sich den Rücken zu stärken
unter dem Galgen
doch dazu braucht es Bindemittel
und ein Abo der Saison
für den Fitnesssalon

Übergabe

immer wenn ich etwas tue
schwingt noch etwas anderes mit
selbst wenn ich danach wieder ruhe
bleibt diese Schwingung nur zurück

und auch wenn ich etwas sage
ist damit meist noch mehr gemeint
doch wenn ich selbst mich danach frage
die schlichte Antwort lautet 'Nein'

Ja selbst wenn ich hier etwas schreibe
scheint es bald nicht mehr meins zu sein
wenn du es gerne haben willst
hier bitteschön - ist dein

Ausschalten ist nicht Abschalten

kein Anruf Freitag Abend
nur ein grelles Glöckchenläuten
ich nehme sie ab
die Gegensprechanlage
nichts als knisternde Umgebung
ungerichtet
sonst nichts übrig
in diesen Moment
das mich definiert

Veterinär

dieser Gaul
sieht aus wie eine Stute
bis auf ein paar Details
wie ich vermute

Allem Anfang wohnt ein Ende innen

was jetzt noch nicht begonnen hat
wird niemals mehr beendet werden

Keine Randerscheinung

Mitten in
deinen tiefsten Verinnerungen
kommst du dann doch dazu
mich zu berücksichtigen

Abwesenheitsnotiz

meine Abwesenheit
übersteigt mein Da-Sein bei weitem
besonders wenn Da-Sein
auf Mögliches zielt

Aber Träume sind immer schwarz/weiß

ich träume davon
Kunst zu machen
jede Nacht
und beim Erwachen

ich träume davon
Kunst zu sein
mit dir zusammen
und allein

ich träume davon
Kunst zu kaufen
das beste und
den Restehaufen

ich träume davon
über Kunst zu sprechen
mit Intelligenten
und mit Netten

ich träumte davon
Künstler zu sein
dann blickte ich auf
und es mich an

Standortbestimmung

alles was du heute trägst
haben andere dir zugetragen
und das Haus in dem du schläfst
liegt mir heute noch im Magen

alle diese Wolken hier
am Himmel und auch anderswo
sind wie die Geister, die ich rief
größtenteils frei und froh

alle Vogelspinnennetze
in die wir eingewoben sind
sind wie die Kavallerie
meist nur im Wesen präsent

Es gibt alles, was ist, war und sein könnte

Es gibt Dinge
die gehören den Gedanken
und es gibt Wahrheit
die den Worten gehört
dies zu verwechseln
wäre töricht
und entspräche so gar nicht
einer guten Übersicht
und dann gibt es noch
Sinne

Gar nicht so schlecht

es kommt mir irgendwie gelegen
ich zu sein
natürlich würde es auch anders gehen
doch nur mit großem Widerstand

Strukturbereinigung

ich lese meinen Kalender
jeden Morgen durch
ein Kaleidoskop

Das perfekte Geständnis

mit unveräußerlichen Rechten
ausgestattet durch Geburt
was ist denn der Mensch
wenn nicht die Sammlung
von Verboten

Nachtrag

fängst du an zu leiden
ist das Schlimmste schon vorbei
beginnst du dich zu bewegen
ist alles schon geschehen

würdest du mir etwas zeigen
so könnte ich dir verzeihen

vielleicht findest du das
was du suchst bei anderen Menschen
dann sag mir Bescheid
lass uns keine Zeit mehr verschwenden

Hypothalamus

fast bin ich erschrocken
als ich durch diese Tür heut trat
das Licht war hell
im Morgengrauen
es biss förmlich in den Augen
es war ganz so als wären
die Strahlen der Sonne
im Schatten getrocknet
kein Kontrast
der das Sichtfeld strukturierte
kein Anhaltspunkt
für Existenz

nur eintausend Weichen
die gestellt werden mussten
um so etwas wie
Welt zu erschaffen

Fragen

Selbstzweifel
Arbeitswut
warum könnt ihr nicht
auseinanderbrechen?

in Erfolg
und Therapie
Beispiel
und Faktizität

euch scheint nichts zu verbinden
und doch gebt ihr
euch nur zusammen preis

Der Schriftsteller

ich habe keine
Worte zu verschenken
deswegen schweige ich oft
deshalb zahlt ihr dafür
ihr dürft sie auch stehlen
meine Worte
denn sie sind nicht
das was ich denke
ihr könnt sie verschenken
denn einmal auf Papier
sind es nicht mehr meine

Ereignis vorweggenommen

In meinem Kopf
ist Morgen Abend schon vorbei
auf meiner Uhr
doch erst viertel nach drei

in meinem Leben
hat sich viel gedreht
nun steh ich wie neben
dem was sich erhebt

ohne dein Zutun
wäre dies kaum entstanden
doch worauf das beruht
war nur ein Wunsch

in meinem Kopf
fehlt jene Substanz
die sich binden lässt
um dann zu tanzen

ohne Zeitung vor der Türe wirkt dies
wie eine Folter im Voraus
fast ist das zu hause
ohne Kragen am Hals
kann all dies keine Liebe sein
nicht vor Morgen Abend

Rückfrage

liebst du noch die Leidenschaft?
meine ist bereits
ermattet

Wie von selbst ist wie von Sinnen

kein Wort versteht dich
keines betrügt dich
keines verrät dir
was in mir ist

kein Wort bringt Wissen
kein Schicksal begräbt dich
kein Nebel verziert dich
keine Wand stützt dich ab
wenn du lehnst

Folgefehler

das Offiziersabzeichen
trägt er verborgen
die Zuständigkeit
somit weitgehend ungeklärt

hilfesuchend
an die Umwelt gewandt
geriet er schnell dennoch
in die Strudel des dies

ausnahmsweise soll Schluss sein
und Anfang zugleich
Besserung gelobt
Windungen vermessen

Je weniger man tut, desto größer wird das Potential

immer könnt ich etwas besseres tun
als dies
oder jenes
ohne Zweifel auch was besseres sehn
als hier
oder dort
voll Verlangen auch was besseres wünschen
als nichts
oder alles
womöglich gar was Besseres lieben
am besten gleich sieben

doch die wahre Kraft hat der
der noch nichts schafft

Futurologie

wie all die Züge Rückwarts fahren
man nennt das Rangieren
und danach
ist nichts mehr wie zuvor und
dadurch verbreitet sich Zukunft

Quartalsende

die Zeit tickt
fast schon wieder Viertel nach
fragt sich nur
nach was

Übrig

klein ist jene Wand geworden
an welcher immer noch mein Restezettel hängt
wenn der einmal herunterfällt
bleibt kein Rest mehr unverborgen

Aus Zeitmangel zwischen den Zeilen

kein Platz
und keine Zeit für ein Gedicht
zwei oder drei Zeilen nur
mehr wird das nicht

Die Erzählung

er spricht von einem Dienstagmorgen
an dem die Sorgen sich vermehrten
und die Wirklichkeit denTisch
in die Mitte des Zimmer verrückt

ich esse vom Boden
wollt ich darauf doch Briefe schreiben
tapfer und wild
doch letztendlich bescheiden

an meinem neuen Tisch
bin ich nur mehr für die anderen
ein bisschen glücklich
wenn jemand neben mir sitzt

Superlative

am liebsten
sind mir in meiner Gegenwart
vielleicht Allergiker

am besten
fühle ich mich in Begleitung
von älteren Menschen

am schönsten
ist es an der Seite
von breiten Kumpanen

am erholsamsten
ist es in den Armen
einer dicken Frau

Zu Verkaufen

ich halte mittlerweile
Kunst nur noch für ein Gefühl
eines das nichts begehrt
und dennoch alles will

ich traue keinem dieser Worte
mehr zu als einem Walgesang
doch schätze ich die Meeressäuger
mehr noch als dem Untergang

es gibt wohl Dinge, gibt wohl Wesen
die richtig sind und Menschen
ich halte mittlerweile
Kunst nur noch für ein Gerücht

Glaube

ist Glaube
denn von Hoffnung so verschieden
beide liegen am Boden
die Füße in den Himmel gestreckt

Ausgearbeitet

ich tat was ich tat
bis das Glas
wieder halb voll war

Mögen ist egozentrisch, Vermögen nicht

ich mag
Dinge nicht mehr sein lassen
die Sachen
nicht mehr verschieben
nichts mehr
auf sich beruhen lassen

ich will
zu den Erledigern gehören
die schon heute
für Morgen Leerlauf schaffen

ja ich könnte
gewiss einer von ihnen werden
bliebe nur mehr
Trauer zurück

Etikettenschwindel

ich schreibe
alles nur auf
vollziehe kaum eine Handlung
dadurch wird nichts erledigt
damit ist nichts erschafft
außer es ist
ein Gedicht

Fortsetzung

der zweite Teil
dieser Versuchung
vermag auch nicht zu erfüllen
was der erste unbefriedigt lies

Nichts als Notiz

weshalb muss ich
alles ergänzen?
jeder Letter stürzt
in eine Geschichte

der Horror des Menschen
ist nicht die Leere
sondern die Fülle
der Realität
die er um jeden Preis
stets reduziert

Kein Nein bei Tagesanbruch

mein Kopf ist
voll von gestern Nacht
doch an den passenden Traum
kann ich mich nicht erinnern

ich sehe
sommerliche Bräune
ein feindlicher Verlust
streichelt ihre Beine
in ödester Nähe

Skalierung der Zeit

Stundengläser
machen Stunden größer
auch ungeschliffen
auch unintendiert

du fragst dich, wer das sagt
ein Mann ohne Sinn für Sekunden

Im Vorübergehen

die Seidenschnecke schaut mir nach
ihr Geheimnis jedoch
verrät sie mir nicht

Welt west

die Welt wird nicht reicher
egal was du tust
wird jeder Tag gleicher
Geschichte nur
verändert sich
und du wirst nicht reifer
egal was passiert

die Welt ist ein Schalter
der wechselt nur einmal
den Zustand

Ankerpunkt

nichts übertrifft dich
nichts übersteht dich
nichts verzichtet
auf dich
ein bloßes Gerüst
ist noch kein Ergebnis

Igitt

es widert mich an
mehr zu können als du
denn das ist der Grund
warum ich mehr tun soll

Sprache und Sprechen

du sagst
ich könnte dir vertrauen
doch beweist mir
Sprache stets das Gegenteil

du sagst
ich könnte auf dich bauen
das Ergebnis bleibt ein Zwischenfall

du sagst
du wolltest niemals bleiben
zu spät

Gedankenspiel

stell dir mal vor... -
nein, lass es bleiben!
...lehn dich zurück und -
ach nein, besser nicht!
Allein die Reaktion
geht gern zu weit

Lager

Zukunft – du alte Baracke!
Was hast du erwartet
das ich aus dir mache?
Ein bisschen die Fassade streicheln
und schon verfliegt der letzte Zweifel
der Dummen

Ein Vorabend für mich alleine

treue Zeit
bereit zur Beute
wer heute über Jäger schreibt
der meint damit Großstadtleute

Schlauch an der Wand

alles hängt
das liegt an der Schwerkraft
nur was du denkst
widersteht noch
trägt dich
und lässt dich
manchmal sogar schweben

Entartete Äußerung

ich weiß, du findest es nicht richtig
und dennoch fühlt es sich so an
dir zu sagen, was ich nicht haben will
mein Geist verläuft in krummen Bahnen
was dazumal die Rahmen waren
für das ich
und ich seh in all dem, was geschieht
nur noch Hast
und deine Liebe

Spiegel

für den Guten hältst du dich
doch das Böse frisst dich nicht
gibt es da vielleicht nen Pakt
den du mit dem Teufel
abgeschlossen hast?

Nein, oh nein, so ist das nicht!
Es ist nur so...
das Gute, das ist relativ!

Interrupted

ein Zeilensprung
mit schweren Folgen
der Gedanke
abgebrochen
aufgrund einer Fehlermeldung

Kaum Schaum

kaum etwas
hält mich noch zusammen
die Seele ein Ersatzteillager
fast wie Privatfernsehen
kaum ein Ruck
zuckt noch durch meine Glieder
erst wenn der Alarm schreit
sind wir fertig hier

legst du dich ins Bett
zu deinem Kinde
so viele Worte
nichts mehr zu sagen
so viele Punkte
von Sätzen gerahmt
vielleicht war es
zu viel für uns beide
doch ist es bestimmt
zu viel für einen allein
so haben wir
ein Kreuzchen zu machen
die Kanten gleich lang
rechts unten im Eck

Regel Nummer eins

Du sollst nicht
lieben, lachen, weinen, ficken
essen, trinken Bäume schmücken,
reden, geben, stoßen, biegen
beugen brechen, ächzen, schieben,
hinken, saufen, rauchen, sehen,
raten, rufen, hinterfragen,
tragen, trüben, pflanzen, büßen,
sähen, gießen und genießen
wenden, werfen, wollen, suchen,
waschen, trocknen oder fluchen,
säubern, lösen, hintergehen,
umdrehen, ansehen oder denken
schenken, schummeln oder lenken
listen, lagern, irritieren
protzen, prahlen, intrigieren,
planen, popeln und studieren,
liegen, lassen und sich sehnen,
umgarnen, gaffen, insistieren,
greifen, schütteln, konzipieren
küssen, kegeln, onanieren,
kaufen, kullern, kondolieren,
fühlen, achten, korrelieren,
basteln, boxen, konfirmieren,
kitzeln, witzeln, informieren,
singen, sägen, exportieren,
schrumpfen, schnäuzen, alarmieren,
kauen, schlucken, ausprobieren
du sollst jetzt
arbeiten

Eine Elegie

besteht nicht aus einer fixen Anzahl an Zeichen
mir ist das gleich, denn was ihr lest
wird ohnehin weit
von meinem Schrieb abweichen

Die Feier

ein Geburtstagsständchen
von allen gesungen für einen
so ein Geburtstagsständchen
das soll man auch nicht teilen
denn so ein Geburtstagsständchen
darf man einfach mal genießen
und im Optimalfall sogar
ohne schlechtes Gewissen

Die Welt

ist immer gleich
so ´n Scheiß
und nichts passiert
wenn man alleine verliert

Dinge

tue Dinge
die Nichtdinge
die lässt du mal sein
die Sonne, für sie bist du
einer von keinen
und der Mond lacht nur
das Frettchen kreischt
wir waren beisammen
und doch niemals zu zweit
bekannt ist uns nur
was nicht erinnert werden wird
wir teilen uns die Zeit
damit aus den Kindern was wird
und wenn wir sterben
sind wir bleich
doch bis dahin
tue viele Dinge
welche
einerlei

Pipo

ich würde gerne Pipo heißen
einfach nur Pipo
                    Ist das italienisch?
ich weiß nicht
jedenfalls wäre Pipo
gar nicht wie ich
                    Doch du...
                    nur unter anderem Namen
Oh nein, es wäre Pipo!
mit meiner Vergangenheit zwar
und einer Namensänderung dazu
folglich mehr als ich
eben einfach nur
Pe pi pe po
                    ...moment
und meinen Wunden
Pipo – dessen Zeit erst noch kommt
Pipo – der noch nicht da war
                    ich glaube Pipo hat
                    überhaupt kein eigenes ich
wir werden sehen

anscheinend

da ist nur der Anschein
alles dahinter
bleibt spekulativ
und alles davor
leider nur Anstrich

Danach kein Schlaf

der Morgen gärt in feuchtem Nass
der Mittag hat schon abgesagt
der Abend
versucht es auf die plumpe Tour
mit angenehmen Abenddingen
wird ein Ergebnis bringen

Markierung

und wenn die Häuser dich verschwinden lassen
und wenn der Himmel über dir zerreisst
wenn alt Bekannte gleichzeitig weint und
wenn du mehr bist als du wolltest
wenn du zufrieden bist
dass ein Teil sich schon löst
dann und wenn dann alles beliebig wirkt
und wenn es dann trotzdem zusammen passt dann
ist vielleicht Tagesanbruch

wie war das noch gleich mit uns beiden
wollten wir nicht eigentlich alleine bleiben?
Nun sind wir fünf, der Hund natürlich mitgezählt
haben Wohnung und Lohn, was manchen schon fehlt
zugegebenermaßen, doch was wir nicht tun
ist darben. Ja, man könnte fast sagen:
fast alles da
doch frag ich mich
wohin mit uns?

Alte Leiern lassen sich nicht erneuern

die Leier trägt sich noch
die alte
sie leiert noch und hängt
ansonsten an der Wand
gekonnt zieht sie die Blicke auf sich
gemeinsam erliegen wir ihrem Charme
sie leiert noch und lächelt
wenngleich auch etwas verkrampft
kaum vorstellbar was passiert
wenn man sie repariert

quicky

so schnell ich auch gehe
meist bin ich zu spät
so sehr ich das sehe
nichts ändert sich dran
so sehr ich mich sehne
nichts wird überdehnt
so sehr ich mich lehne
nichts bricht

Handlung und Faktizität

was muss ich tun
damit etwas passiert?

Träume

ich träume davon
ihr gegenüber zu sitzen
und träume davon
zu sprechen und mehr
davon träume ich oft
denn mein Traum
weiß wie das geht

Wertlos

diese Notiz
ist eindeutig unnütz
dieses Gedicht
sagt mir überhaupt nichts

dieses Gewicht
fehlt den Beweisen
dieser Satzbau
lässt mich erschaudern

diese Bänder
zurren nichts fest
diese Werte
nichts als Bedauern

auch diese Beschwerde
wird höchstwahrscheinlich
ungedruckt vermodern

Zur Ruhe kommen

bin im Übermaß verdrießlich
was ist bloß weggeschlossen
von der alten Gier?

Und Zentrifugalkraft gibt es doch

wenn du an Zeit glaubst
hast du noch drei Stunden
wenn du an Gott glaubst
wird Zeit überwunden
aber nur wenn du zitterst
entblößt sich ungeniert die Welt vor dir

mach doch

wie heißt sie noch gleich
diese Angst vor den Clowns?
sicher nicht Clownphobie
das wäre viel zu leicht
das wäre viel zu einfach
überhaupt ist zu vieles zu schwierig
zum Beispiel du
zum Beispiel das
auf den Punkt bringen
ich beschwere mich nicht
ich halte nur das Leben
generell für unterschätzt

contenance

ich kann mich noch genau erinnern
wie alles sein sollte
doch kein blasser Schimmer
zeigt mir wirklich geschah
und daraus wird ein Wimmern
und das wird stärker
Jahr für Jahr
und mir dadurch
irgendwann wärmer

Nackenträume

ich träume von
ihrem Nacken in Farbe
in der Nacht sowie
im Wachen
ob erfolgreich
das bleibt abzuwarten

Anleitung zur Handlung

tue nur
wonach es dich wirklich verlangt
nur dann kannst du
dich von dir befreien
nur du
weißt was zu tun ist
und nur du
kannst es tun

Missgeschick

dumm gelaufen
schlecht geplant
voll verkalkuliert
ohne Rückversicherung
verzockt
ohne doppelten Boden

Nicht hier

Eichhörnchen seien Teufel
hat meine Mutter gesagt
und wer alleine denkt
ist immer im Unrecht
und wer Wein trinkt
muss dafür bezahlen
jedenfalls mit irgendwas

Treppenabsatzabschluss

du packst die letzten Sachen auf die Stufe
es hier zu versuchen, das war es schon wert
überhaupt: kein Verlust zu beklagen
außer die letzten zehn Jahre
und nichts zu revidieren
kein Krüppel fürchtet das Verlieren
ja, einst hatte ich dich
doch jetzt stehen meine Sachen
auf der letzten Stufe
und sie stehen
dort gut

bestimmt

Kunstwelt
will nichts
schon geschehen
will nicht schön sein
nichts verstehen
was nach etwas aussieht
ich will
diese Runde nicht verlieren
nicht diese auch noch

Höhenmesser ausgefallen

Vögel? Hier an meiner Seite?
Jetzt nur nicht nach unten sehen
im Schwarm, da sind wir alle gleich
und dem selbst wird gut entbehrt

Ein angebliches Teil der Gesellschaft

augenscheinlich erwachsen
mit Bart und mit Glatze
mit Hund und Kind
Arbeit und Frau
Hemd und Schnürschuhen

wenn alles ist
dann fehlt Gefühl
wenn ein Knoten zerbricht
kann das niemand hören

wenn du gehst
bin ich traurig
über Geschenke
kann ich mich freuen

nur das Gefühl
hier richtig zu sein
stellt sich nicht ein

Leben beinhaltet nicht leben

irgendwie ist das schon etwas
aber verflixt, irgendwo
ist es auch nichts
in diesem hässlichen Zwiespalt
wird es wohl eingezwängt bleiben
vielleicht bin ich genauso beflissen
mal spitze
und manchmal beschissen

Für einen Moment nicht alleine

diese Frau
nicht da
nicht hier
immer weg
schon wieder
immer noch
nicht vor Ort

Logik lügt nicht, sie liegt

es lag die Logik auf der Lauer
die Konjunktion, das Prädikat
sie verzehrten sich nach Leben
in einem beschränkten Raum von Dauer

es lag die Wimper unterm Lid
wo sie Spuren hinterließ
sie tat das nicht absichtlich
doch nahm sie mir das Augenlicht

es ließ der Diener sich entbehren
aus eurer trauten Zweisamkeit
ich konnte dies auch gut verstehen
doch nur manchmal tats mir leid

es lehnte sich der Vagabund
an einer fremden Schulter an
hart und knochig war sie
vor Schreck ist er zusammengefahren

Ungewünschter Einzug

von all dem was das Herz begehrt
bleibt der Verstand nicht unversehrt
doch anstatt sich selbst zu hassen
beginnt er mit dem Säbelrasseln

drum glaube niemals deinem Herz
und schon gar nicht dem Verstand
es sei denn
beide sind der selben Meinung

24 Stunden

tagsüber arbeite ich am Bildschirm
auch meine Freizeit
spielt nicht weit davon entfernt

Mehr als ein Talent ist nicht vorgesehen

ich schweife so oft
ab von diesen Zielen
davor und dahinter
umhin und umher
vielleicht sind sie zu schwierig
oder einfach nur
zu viele?

Schlossreflexion #1

ein Schloss ist ein Schlüssel
dessen Schlingung
ausgelagert worden ist

Schlossreflexion #2

ein Schloss
ist die in einen Schlüssel ausgelagerte
Schlingung eines Knotens

Gehirn

doppelt berechnet
zigfach gebogen
mehrmals überschlagen
eindeutig kalkuliert
dreifach geprügelt
millionenfach veräußert
zentral gespannt und verwaltet

Individuelle Liste kollektiver Halluzinationen

ich werde meiner Mutter keinen Computer kaufen
ich werde meine Miete nicht bezahlen
ich werde meinen Umzug nicht melden
ich werde meinen Vertrag nicht verlängern
ich werde meinen Verein nicht verlassen
ich werde mein Studium nicht absolvieren
ich werde meiner Liebe nicht treu sein
heute nicht
heute will ich nur hier sein

ich werde meine Schulden nicht begleichen
ich werde meine Bilder nicht zeigen
ich werde meine Kunst nicht verkaufen
ich werde deine Nummer nicht brauchen
heute nicht
heute will ich nur frei sein

ich werde deinen Anruf
nicht entgegennehmen
werde deine Wünsche
nicht erwähnen
ich werde nicht einsehen
warum ich das sollte
heute nicht

Brice Marden

das Grau ist
auf den Punkt getroffen
fahles Licht schlitzt
fast ganz ohne Schatten
den Geruch von Moder frei
und schmeichelt mir

das Herz ist
mittig sauber durchgebohrt
es schlägt zwar
eifrig noch weiter
doch ob es Morgen noch schlägt
ist ihm jetzt egal

Blumenwiesen in der Sommernacht
ein Gletscherbach entblößt sich
mein Leben, das war aufgeladen
ein stiller Moment
in perfektem grau

Anerkennung

Gratulation
zu deinem Sohn
den hast du sehr schön
aufgezogen
der läuft ja wie am Schnürchen
und hübsch ist er und
kerngesund
kann schon seinen Namen schreiben
hat sogar schon Tischmanieren
nur kann er nicht im Schach verlieren
stramm stehen seine Wimpern
und er hat
einen knackigen Hintern
sein Haar, das ist fast engelsgleich
doch wenn der tobt
wird selbst der Teufel bleich
wenn der mir je droht
will ich schnell die Seiten wechseln
wenn der sich verlobt
werd ich die Zeche prellen
wenn der mal berühmt wird
will ich nichts von seinem Geld
wenn der mal Präsident ist
verändert er sicher die Welt
nur zu ihren Gunsten
wenn der sich nur zusammen rauft
dann läuft das schon
irgendwie

Wert & Zeit

Prinzipien scheitern
das Ideal, das vergeht
Begehren transformiert
sich immer nur selbst

Kein Sein ohne Setting, kein Sinn ohne Stiftung

Trauerweiden
kurzgeschoren
nichts mehr da
was leiden lohnt

Tatort

Du machst
von allem generell
ein bisschen zu wenig
das Tun als solches
liegt dir nicht so

stehst lieber am Tresen
liegst lieber im Bett
die Handlung an sich
ist dir schon suspekt

die Negation der Dinge hingegen
trifft für dich meistens zu

Zwangsläufig

keine Pause
immer nichts zu tun
nur warten
bis sich vielleicht etwas tut
immer auf der Lauer
aber mehr noch
auf der Hut

Gegenmaßnahmen

abzuleiten
aus den
bestehenden Umständen
ist vielleicht
die größte Herausforderung

und das erschließt sich auch
wenn genau man hinschaut daraus
dass Abwesenheit
unüberwindbar ist

Empfindung

eine Faltung meiner Hose
bohrt sich in den Oberschenkel
der Geruch im Flur
raubt mir das Bewusstsein
das Knacken der Kellertür
bringt Verborgenes zum Vorschein

Frau

ich hielt sie für ein schwaches Weib
wollte sie in meine Arme schließen
doch reist es ihr ein Herz entzwei
so schlägt ein neues unverzüglich

eine Freundin sagte mir
deine Frau muss eine starke sein
ich erwiderte nichts
es ist doch buchstäblich
zum aus der Frau fahren

Arbeitsrechtschutzversicherungsvertreterzentrale

ist das Träumen
nicht ein schwerer Job?
man lebt dort gefährlich
verliert die Kontrolle
geht Bankrott
verliert Zähne und Zehennägel
zersplittertes Holz
bohrt sich in die Haut
aber wenigstens
die Bezahlung stimmt

pantha rei

jeder Handgriff muss gerichtet sein
kein Klick darf hier ins Leere gehen
jede Silbe trifft des Nachbars Schein
kein Blick darf sich am Nichts vergehen

jeder Gedanke muss dem Raum sich fügen
kein Licht tritt hinter diese Mauern
jedes Organ muss oszillieren
kein Scherz bricht aus dieser Dauer aus

der Hund lässt sich als König führen
kein Komödiant bleibt unerkannt
nicht nur der Dummkopf will studieren
kein Zwinkern kommt mehr an

jede Frau will was im Beete haben
kein Morgen soll den Wachstum störn
jedes Wort wird tief vergraben
kein Ohr soll es je wieder hörn

natura morte

und ein Bach
plätschert durchs Wohnzimmer
unter dem Teppich hindurch
hinaus auf den Flur

und der Baum
beleuchtet den Schlaf
ohne Bedeutung
mit grünem Licht

und der Regen
versteckt sich in der Tonne
die mit Büchern der Kinder
die niemand mehr liest

und Vertrauen
ist umgekehrt
nicht im Zweifel
in Bedrängnis viel mehr

und deine Worte
geben den Rest
zu verstehen
was ich nicht wollte

Schein und Schenkel

wenn sich die Anordnung umsetzt
aber keiner gemeint ist
auch Frisieren hilft hier nicht
bleibt nur der Rückzug
in die Sperrstunde

Waage

das selbe tun
etwas anderes fühlen
bei ein und demselben Gedanken
das bedeutet
Flexibilität

Ein Geruch

vernahm ich
durch einen langen Gang
gehört vielen
niemand drin

ein Stahlrohr
eine Eichung
viel verlegt
durch Ruinen

ein Streifzug
eine Gleichung
immer zu haben
niemand dabei

Bildungsversuch

ein Bastmattenteppich
trennt mich von der Unterwelt
bewahrt mich vor dem Boden
wie ein Gartenzaun
das Fremde in dir

ein Kippdachfenster
bietet nur
über mir
einen Ausschnitt der Welt

ein Himmel, ein Baum
alles weitere
reine Vermutung

der Mikrochip schüttelt sich
jemand will mich erreichen
ich laufe davon
später will ich
davon berichten

eine Planstadt
rührt mein Gewissen
mein Plan der ist gut
nur mein Handeln
beschissen

die Zugluft nimmt zu
bin ich nur ein Durchlauferhitzer?
Sozusagen Natur?
das Potential wächst zwar
doch die Sanktionen
die werden spitzer

Politische Architektur

rote Balkone
auf weißen Stelzen
sind bereit
mich umzuwälzen
mich emotional zu verkehren
doch dann
schlug der Mond ein
und rot
von weiß
nicht mehr zu unterscheiden
und zum Glück
nicht mehr von Bedeutung

Abschlussformel

die Berechtigung
dieser Berichtigung
scheint mir sehr weit hergeholt

Erwartung, Frischluft

der Türspalt
dehnt den Winkel
was jedoch einströmt
ist nur kaltes Licht

Trinkpause

vielleicht befindet sich
in dieser Tränke
etwas Unausweichliches
ich werde das
bald herausgefunden haben

Bestimmung

Leben?
Ist doch leicht
bamm bamm, bamm bamm

macht mich der Muskel lesen?
ist doch ganz einfach
ratat ratat, ratatatat

Lieben?
ist doch leicht
ich dir, du mir
wie im Film

Lusten?
Ist doch einfach
in mir und in dir
ist kein gar Geheimnis
versteckt

Familie

der Vater
gefüttert
der Bruder
liebkost
die Mutter
beschwichtigt
die Schwester
belauscht

nur ich
bin krank
und spiele
die Nebenrolle

Vorlage Leben

ich hasse es
das Leben zu meistern
wo bleibt dabei
die Relevanz
ich will doch nur sehen
wie es vor mir tanzt

Stillstand

nichts schnürt sich
mehr um meine Kehle
nichts verwest
in deiner Umgebung

nichts verlässt dich
du willst nur du sein
willst nur das sein
nur da sein

delta

Konspirationen
ohne Aktionen
das kann man auch sein lassen
wie Kampf ohne Klassen
und Hass
ohne Rassen

Distinktionen ohne Spuren
lassen sich nirgends bestimmen
weder in Büchern
noch in den Bildern

ganz ohne Familiäres
gärt auch Bezug
und verdampft

Mal

manchmal male ich
doch was soll es kosten
wo soll es hängen
welcher Rahmen passt dazu

manchmal sehe ich Bilder im Traum
davon wache ich auf
und kein Pinselstrich existiert

manchmal studiere ich
auch dort
bleibt die Malerei
besser unerwähnt

Spaghettiwestern

ein Pferd
ist nichts wert
wenn es verkehrt
herum steht

Je größer die Möglichkeit, desto schwerer der Verlust

ja, alles kannst du tun
doch sicherlich
immer nur eins davon
sicher kannst du
etwas erreichen
doch an etwas
wirst du leiden

Deine Meinung kommt einem Missverständnis gleich

Ja das
hast du
genau so gesagt
aber hast du
das auch so gemeint?

2, 4, 6

zwei sinnlose Zeilen
ohne Gefühl

geschrieben in Hast
und eine zu viel
nein zwei, nein drei
nein...

Zum Glück liest mich jetzt niemand

kein Kauz ist mehr
in diesen Straßen
zu hören zu riechen zu sehen
meine Schritte, die taumeln
trunken umher
jeder für sich
den nächsten negierend
mein Fund liegt
auf der Schwelle vertieft
zwischen ihm und mir
nur diese leere Allee

Versorgungswege

und wir konnten nicht erraten
die uns noch trägt
was mich noch schiebt
du warst zu eifrig bei den Taten
hast sie in die Natur verlegt

Du hast vergeblich abgeraten
mir davon dass zu tun
was mich belebt

nun ist der Flieder abgegrast
das Streichholz schwarz und kalt
der Bewegungsmelder aktiviert
das letzte Kalb im Stall

Sagen kannst du alles, aber du meinst immer das selbe

Sünden seien
nicht so dein Ding
was so auch stimmt
nur Komplexität
entwickelt Geschwüre

LL

leben lassen und selbständig sein
lieben lernen und vertrauen können
nicht lügen, keine andere vögeln
nicht nörgeln, neiden, Nibelungen lesen
weder pöbeln, noch drumherum reden
und vor allem keine
Kompromisse

Kehrwoche

bitte kehre diese Kummerkrumen
von meinem Tisch in deine Hand
dann lass sie mich picken
einen nach dem anderen
mit der Gier von Tausendmulern
ohne dass meine Lippen
deine Haut berühren
und dann
bitte gib mir
noch einen Tropfen zu trinken
von deiner Spucke
dann bin ich
auch schon wieder weg

Echtzeitsouvenir

ein Plastikboot
trocken gelegt
gestrandet
weil unter dem Grund
entrissen der Zweck
kein Mittel zur Rückkehr
der Glanz seiner Farben
täuscht über sein Schicksal
hinweg
aber nur für
den Augenblick
bevor es bald
zu verblassen beginnt

Rochade

für einen Moment
war es vollkommen richtig
erschien es wirklich gut
dann hat sich nichts geändert
und doch war es
plötzlich falsch

ich frage niemand
wer Schuld daran hat
denn so verhält es sich gelegentlich
wenn Wahrheit passiert

Außergewöhnliches

fügt sich nahtlos
seltsamerweise
ein in die Reihung
von Banalitäten

Omnipersistenz

du glaubst daran
das alles da sei
nachdem du mich
fortgeschickt hast

So was dummes

zu klug
ist die Zukunft
um sie zu hintergehen
nicht einmal die Analyse im Windkanal
vermag ihren Bann zu brechen

Weckruf

wie gestern
ein heute
wie morgen

nur der Geist
ersinnt Differenz

Morgen

Tag um Tag
alles unausweichlich
Jahr um Jahr
eine leichte Vermessung
diese Minute ist dies
doch leb es nur aus
Nutze jede Sekunde
sonst schleicht sie sich vorbei

versetze uns in Angst und Schrecken
mit Worten und Taten
wir werden schon sehen
was in der Zeit sich verfängt

Aussicht

es ist
keine Zeitreise nötig
es genügt
der Gedanke
um zu sehen
was wir verrichten

gestern war heute
noch voll bunter Tränen
heute ist grau
grau wie es gestern war

das genügt schon
um zu beweisen
dass Prognosen
im Moment
immer falsch sind

Arbeit

Feierabend
Tränenzeit
kühler Kaffee
Taschentücher
Pläne
mit Einsicht
Gebärden
Sprache nur
zur Verteidigung
die gerinnt
zu einem Montag

Ich

Geist
stockt
Herz
schmerzt
Wut
tut gut
Erinnerung
tröstet

Behelfsausfahrt

du treibst alles voran
doch was treibt dich eigentlich?
alles missfällt dir
doch niemand da
den das interessiert
ihr alle seid etwas
doch was habt ihr davon
ein Vorgartenzaun
in jeder Windung zugeparkt

Edelmetall

weiß getünchter Kotflügel
flankiert gekonnt die Existenz
das Gaspedal ist durchgedrückt
nur das vermaledeite Lenkrad klemmt

Phänotypen

vor meinem inneren Auge
türmt sich etwas auf
vor meinem äußeren
fällt es in sich zusammen

raus

hier hab ich geschrieben
auf ein weißes Blatt Papier
in einem stickigen Innenraum
und dabei ist es auch geblieben

Kurze Überlegung zu potentiellen Verbesserung der Lage

Um mich letztendlich zu besinnen
braucht es eintausend Pillen
und wo bin ich dann?
am Strand
na toll
das wars dann wohl

Kein Wort

ohne dir glauben zu können
dass du du bist
dass du hier bist
kann ich nicht so weitermachen
doch kann ich auch nichts ändern
nichts an mir
nichts an den anderen
also lache ich
über das was manchen
ein Drache ist und verschwende
die Zeit in dem ich behände
das betrachte
was nicht mehr weitermacht

Klang

Bing machte die Glocke
nachdem ich sie schlug
einfach nur Bing
ich wünschte dieser Klang
wäre ein Zeichen für mich
enthielte eine Botschaft
in der tieferes liegt
aber es bleibt ein Bing
sonst nichts

Der Auswurf

wohl und gemächlich
oben und unten
in Sprache und Klumpen
so manche Litanei
gerinnt zu Atmosphäre

Ohne eine ontische Überprüfung der Situation kann ihre Relevanz nicht bestimmt werden

wie ganz per Zufall
will ich schnellstens weg von hier
nicht weil es
hier so schlimm ist
sondern nur weil ich
zufällig dort bin

Flugtier

Ein Vogel flog auf und dachte bei sich
wo ist das Licht?
und wo ist es nicht?

inside/outside

drinnen wird onaniert und
Administratives erledigt
jegliche Handlung
bleibt außen vor

Nichts kommt von Ihnen

wer hat euch Worten diesen Kopf gegeben?
Ich habe euch nicht eingeladen
wer ist dafür
verantwortlich
dass diese ihren Weg her fanden?

was hat sie angelockt?
wer hat sie verführt?
Vor allem verstehe ich nicht:
warum bleiben sie hier?

Repetitorium

wie oft schon saß ich hier und dachte bei mir
du musst dich jetzt voll auf dich konzentrieren
so oft sah ich euch dann und wusste sofort
hier hab ich kaum was zu verlieren
vielleicht zweifelt ihr
meine Bescheidenheit an
und beginnt am Ende doch zu siegen
so weit, so gut
so viel daneben
man kann nicht einfach nur ernähren

Bremsbeschleuniger

du zauderst, haderst, schwankst
lästerst, lügst und leidest
du zweifelst und strauchelst
du hastest und meidest

du bist wohl nicht
für hier gemacht

Konsilidierungrunde

es ist nicht dein Nein
das mich straucheln lässt
es ist dein Blick
der mich entgleist

es ist nicht die Welt
an der wir scheitern
es ist nicht mein Ich
das mir nicht genügt

es ist nur so
dass wir gemeinsam
hier nicht mehr weiterkommen
weder vor
noch zurück

Ein Löwe

als Vorbereitung
auf die Auswilderung
wurden Löwe Alfred
alle Zähne gezogen
man hatte Angst
er könnte es übertreiben

Die Zeit der Wunder ist vorüber

eine Schicht aus Zuckerguss
überzieht die Häuserdächer
als gäbe es dort oben dort
Zuckerrohr im Überfluss

während wir hier unten nur versauern
scheint man dort oben
wohl auf und
gut betucht zu sein

junge Kälber, Schweinereien
Säulen und Sagen und Moos
Leben und Tod
alles im Überfluss

Selbstverortung

links und rechts
ein großes Nichts
und zwischen drin
sowas wie ich

Nebelmorgen, kaum Licht

wo hat denn die Morgenstunde
heute nur ihr Gold gelassen
hat sie es vielleicht selbst gefressen?

wo ist denn des Jägers Flinte hin?
fragen wir ihn selbstbestimmt
er zieht sie wohl binnen Sekunden

wie viele dieser Einzelfälle
sind eine offiziell belastbare Quelle?
vielleicht sollten wir lieber
an Festplatten lauschen

die Orientierung fällt
auch noch hier mit Kompass schwer
der Smutje ist der Steuermann
der Kapitän im Einbaum

Abschied

Ein Sektkübel
darin verwelkte Plastikblumen
darunter ein paar
vertrocknete Erinnerungen
an dich

Abends

irgendwann wird es immer ordinär
wenn Jugendliche mit Jugendlichen
zusammen auf Balkonen sitzen
am besten noch mit Alkohol
wird es, wenn es spät wird
immer ordinär

alle Körperöffnungen
werden herangezogen
werden beansprucht
wenns wieder früh wird
am meisten die Ohren

wer sein Fenster zum Hinterhof öffnet
und in der Stadt wohnt
muss das wohl ertragen
und manchmal macht es
nebenbei geil

Prüfung

eine halbe Seite nur
um das alles zu beweisen
nicht einmal der Regen
klatscht noch in die Hände
eine Sage
zwischen den Zeilen
man kann durchaus behaupten
dass mehr Platz notwendig ist

Parallels

stetig drängt in dieser Zeit
etwas auf Ereignis zu
stets bremst die schwarze Feder
den Absturz der Elster
auf die Felder von
vergessenen Beständen

Greifen ist seliger denn Schreiben
das lehrt uns die Umgebung stets
wir, als Zeugen dieser Tagungen
sind behände bei Nacht
sich selbständig schulternde
Unternehmer im Turm

Der Lottoschein

verprasste seine Millionen
mit ausgiebigem Bürgertum

Kulturlandschaft im Inneren

Häuser riechen
nicht nur nach Menschen
meist eher nach Mitteln
zum Putzen und Zwecken
die nach kurzem Nutzen
meistens zerbrechen

Und nun?

doch nicht etwa schon wieder hier
war hier doch erst weg
und muss gleich wieder los

ich weiß
mit mir zusammenzusitzen ist heikel
denn meist wenn das passiert
verzieh ich mich

wo mag oben sein?
Unten bin ich schon gewesen
und wirst du mir verzeihen
alles das gewesen?

ich weiß, mit mir zusammenzusitzen ist schwer
denn meist wenn das passiert
will ich gehen

vielleicht ist es vorbei
vielleicht fängt es erst an
was man leider beides
niemals nicht beweisen kann

Sinne

wir sehen doch durch diese Poren
ein Raster nur der wahren Welt
ganz unerheblich scheint es nicht
hauptsächlich nicht durch Wiederholung

wars nicht die Brücke jener Trümmer
die uns den Fluß durchqueren ließ
nun sind wir drüben und es geht
weiter bis auf weiteres

Highlights

jeden Morgen wenns am schönsten ist
und ich noch nicht zur Arbeit muss
finden wundervolle Dinge statt
bis maximal halb Zehn

dann gebe ich mir
die Klinke in die Hand
denn nur was aufhört
bleibt auch im Kopf

Erinnerung ohne Vorlage

diese Landschaft
ist nicht mein Land
diese Stadt
nicht meine Heimat
deine Liebe
ohne Verlangen

Fußgängerzone

Camouflage Muster
in die Lippen graviert
ich will es nicht missen
doch wie konnte ich
dich jemals lieben

Zeitzonen

vor zwei Tagen
hat er nächstes Jahr gesagt
doch vielleicht
verschiebe sich alles auch
hat er ergänzt

doch warum drängt die Zeit ihn so?
Er hat doch
mehr als genug Platz hier

Könner & Gönner

wenn jemand etwas kann
finde ich dies stets verdächtig
denn dann wird stet etwas
abgeschlossen, erledigt, besorgt
und damit ists vorbei
doch ich bevorzuge etwas
das bleibt

Gefängnis

und gibt mir mein Heim
auch das Gefühl der Grenzenlosigkeit
so ist es das Sein
das in mir eingesperrt bleibt

Versammlung – oder: wie bin ich nur hier her gekommen

welch ein Konvolut
in diesen Räumen
welch Ballast
im Hinterstübchen
welch Frust
fließt durch dieses Innenohr
welcher Kongress
findet statt in diesen Hallen?

Und was machst du so?

kein Wort
spreche ich heut mehr mit euch
die ihr
mich besser kennenlernen wollt
was mich umgibt
darf nur mein Freund erfahren
und was sich beugt
das muss verharren
dies nur vergeht
alles andere
schon längst vergangen

Höhlen

Tropfen, überall
hör ich nur Tropfen
nirgends ein richtiger Pflatsch!
Man sagt sie höhlten auch Stein
doch werde ich das je sehn?

meine Tröpfchen
sie mögen nur Teile sein
vielleicht sind es nur Teile
und der Stein bleibt ein Stein

Fühl michs

nur ein Weg führt dich
zu den Tausendfühlern
am Ende des Weges
ist das Begehren nur eins

eintausend Schritte
zerstückeln den Pfad
machen den Körper
plötzlich gerade

kein Umzug kann erfassen
wie jene Beugung verlief

Best of both worlds

Innenwelt
Außenwelt
wenn das mal nicht zusammenfällt
wie könnte ich dann innen klagen
ohne außen was zu wagen
wie könnte man was neues sehn
ohne sich dabei im Kreis zu drehn

die eine Welt
die andere Welt
wählt Welt
Welt wählt

Innenwelt
Außenwelt
was euch beide wohl zusammenhält
ich sicherlich nicht

Himmel, gewellt

der Himmel umwölbt
das Papier platt vor mir liegend
Übertragung gehemmt
alles zerrinnt
zwischen
den Fingern
es fühlt sich so an
als würden Gedanken
ganze Hallen füllen
davon bekomme ich
Kopfschmerzen

Mit Arbeit, ohne Arbeit: beides scheiße

du hast angeblich
nur ein einziges Leben
fülle es aus
damit es sich anfühlt
zünde es an
damit es auch ausbrennt

Dann eben doch nicht Italien

kein Flieder
steht mehr auf dem Balkon
nur noch dieser
drumherum nur Gerümpel
und mittendrin
ein paar Erdbeerleichen

Bekenntnis

ich schau hinaus ins Schwarze
ins Blaue möcht ich heut noch fahren
im Grünen liegt
Banalität schlecht verborgen

dies Braun vermag
nichts zu verbergen
ein bisschen Pink
zieht dran vorbei

der graue Star findet kaum noch Geschmack
mehr an Orangen
und mein Wunsch
verblasst in diesem Beige

ich weiß nicht ob
er wiederkommt
vielleicht hinter diesem Regenbogen
davor sicher nicht

Erste Hilfe bleibt

ein einsames Los
liegt auf dem Boden
ich hebe es auf
nur ein Wort geschrieben
Hauptgewinn
aber weit und breit
keine Stelle um ihn einzulösen

Routenplaner

keine Umwege mehr
und keine Abkürzungen
von hier an ist
geradeaus
ist die einzige Richtung

Gehorche niemals Regeln, die du nicht selbst aufgestellt hast

Konsequenz ist eine Stanze
gemessen an der Welt
der blanke Hohn

Dies und das

dieser Schweiß
er schmeckt nicht mehr salzig
und deinen Geist
verlangt es nur nach mehr Süße

dieser Kummer der Fläche
ein Brodeln in Tiefen
stark unterrepräsentiert
im Durchschnitt

dieser Stahlpalast
den du veräußerst
er bietet dir
kaum noch mehr Schutz

diese gewitter-
lichen Wolkentürme
lassen mich hoffen
auf Entsorgungswogen

Rest

Nach Abschluss der Ausmusterung
bleibt eines bestehen
das ist verbindlich
unhintergehbar und einfach nur schön
diese Wahrnehmung

Gegenüber spiegelt nicht

das Licht geht an
im Treppenhaus
doch niemand kommt
die Treppe rauf
und in keinem dieser Zimmer
wird irgendetwas heller

ich dachte bei mir vielleicht
schleicht ja die Einsamkeit
durch das Treppenhaus gegenüber
doch dann spürte ich ihre Hand
sie drückte meine fester

Kompass und Komparsen

nur eine Richtung
immer der Sonne entgegen
kann doch nicht die falsche sein
am Rande stehen Lumpenmännchen
nach einer Weile wundert mich
was man hier für Sprachen spricht
ich bin gelandet am Strand
der unbedachten Möglichkeiten
ich bin gestrandet in einem
verträumten Verwirklichungsdrang
die Gefährten sind leichter
die Gespräche sind breiter
und an der hiesigen Moralvorstellung
scheiden sich die Geister
ich mache mir ein Bild von dieser Gegend
und fahre nach hause
immer dem Abend entgegen

Ein

ein schier
gar unüberwindbarer Weg
vom Himmelszelt
in die Ritterstraße
in fünf Minuten
im Winternieselregen
mit nichts am Leib
außer Zuversicht

Wie auf Korkboden

unter dem Lichte des Herbstlaubs
gelbt selbst der graue Himmel
ich kann damit
nichts anfangen
denn ich muss
Dinge beenden
mein Blut fällt nach unten
und wird nach oben gepumpt
die Begierde nach Verständnis
bleibt zu oft ungesund
so ist das mit dem Herbst
diesem ausgebremsten Frühjahr

Reiselust

Dein Gepäck ist schwer geworden
schwer von Lasten und Landschaft
du trägst es stolz auf deinem Rücken
ohne Ärger
ohne das Übliche

ich sehe deine Haare
auch im Dunkeln
auch wenn du nicht da bist
auch wenn du nicht mit mir spielst

ich verfluche all jene
deren Weg sie
zu ihrem selbst führt

Vorsicht

jeder Schritt könnte der falsche sein
jeder Strich dich ins Verderben stürzen
jeder Klick das Aus bedeuten
jeder Schwenk
das Ganze beenden
jeder Gedanke
könnte auch falsch sein
jede Entscheidung
ebenso umgekehrt
jedes Leben
hätte mich wählen können
doch dieses tat es
vorerst bleibt es dabei

Der Fokus

auf dem Daumennagel
mehr gibt es nicht zu sehn
vielmehr ist es umgekehrt
das Licht in meinem Zimmer brennt aus

die Sonne
im Hochhaus gegenüber gespiegelt
sieht nur den Ausschnitt
behauptet damit den menschlichen Geist

jeder Akt tiefster Liebe
nichts als eine alltägliche Ansicht

Luftzufuhr

ich sitze schweigend am offenen Fenster
was sollte ich auch sagen
zum offenen Fenster?
draußen Nacht
drinnen nichts

mir fällt schon mal was auf
am offenen Fenster
doch äußerst selten was ein
am offenen Fenster

nur schließen
kann ich es nicht
das geöffnete Fenster

Schickes Haus

Du kauerst in einer Ecke deines Anwesens
wieso schreitest du nicht durch die Hallen
Platz genug vorhanden um
dem Hund den Stock zu werfen
doch schlecht erzogen wie der ist
er brächte ihn wohl sonst wohin
nur nicht zurück

einmal nur kurz alles sein
das wäre schon genug

Mein Name am Klingelschild ist kaum noch lesbar

er ist zu klein gedruckt und verwässert
mein Auto steht unten vor der Tür
doch ich habe keinen Schlüssel mehr
mein Hund liegt in seiner Lieblingsecke
doch ich bin Kilometer weit entfernt
mein Flur riecht nach Frauenparfüm
es wird Zeit sich auszuziehen

Du weißt so gut wie jede
andere Sicht
dass hier nichts von Dauer ist
doch mir gefällt es besonders gut
wie du das vernachlässigst

Signifikanz

diese Türe hier
trennt Raum von Zeit
ich wär bereit hindurch zu gehen
doch leider hab ich
den Schlüssel verleg

diese Türe dort
trennt Zeit von Ort
sie ist durchsiebt von Einschusslöchern
sie ist durchbohrt von Schlüsselköchern

diese Türe also
trennt mich von dir
ich habe sie mit umgezogen
und verbarrikadiert
mal sehen
wo sich jetzt ergibt

Von einem Moment in der Statistik

die Sonne umklammert den letzten
Ausdruck des Tages mit Metallklammern
die Leuchtreklame
in den Farben rot, grün, blau, weiß
die auch dieses Blatt beleuchten

dünn ist sie, ein knapper Zentimeter im Schnitt
sie zeigt ein Schweinegitarrenduett
ab den Hälsen im Trab
gesäumt von Wasser, doch keine Insel
überall Ränder, doch nur in kursiv

die Menschen sind schlank hier
groß und blond und gut gekleidet
und weniger Verbrechen sind registriert
pro Einwohner

alles hat ein bisschen mehr Stil
und manches
sogar viel

Wer bitte?

Sonne, was willst du?
jetzt kommst du wieder angekrochen
nachdem du dich ewig
nicht hast blicken lassen
jetzt ist es zu spät
ich bleib im Schatten liegen

Unglaublich aber wahr

dieser Gemüsegarten
auf deinem Fenstersims
ist der Beweis meiner Liebe
hat mein Leben bestimmt

deine Integrität
bleibt mir vorbehalten
verbindlich, dennoch fröne ich
dem Leben
hier mit meinen Fenstershrimps

Toter Winkel

du stehst im toten Winkel
dort kann man dich nicht sehen
dort kannst du sagen was du willst
man wird es nicht verstehen

der Horizont der flimmert
doch auch die Nähe ist nicht scharf
es ist mir fast als wäre das
jetzt hier schon mein Grab
nur eine Nuance heller

Auswärtssieg

ich bin nie zu hause
dabei hab ich davon neun
drei Kinder
und drei Lagerhallen
einen Hund und
unzählige Frauen
ich brauche eben
viel Gesellschaft

Fundsache, überall verteilt

ich bin zerrissen
worden, hab mich nicht
genug entgegengestemmt
sammle nun die
Einzelteile ein
hab es nicht genau gesehen
nur unscharfe Details an den Rändern
beleuchtet nur und zentriert
was Nebensache ist
was er festhält
was sie fallen lässt

Horizont

dort, wo alles verschwindet
genau dahin
begibst du dich
es ist hier weder laut noch leise
weder Dunkelheit noch grelles Licht
und kein Wollen spürt man hier
kein Bild
lässt sich hier blicken

Wiederholung

ich habe es euch
doch schon tausendmal gesagt
da draußen dort
dort lebt noch was
ich habe es schon oft bereut
doch mich nie getraut und nachgeschaut

Und

und draußen erblüht
der Abendhimmel
eine einzige
Propagandamaschine

März

blauer Himmel
glänzender Rand
hinter Flieder und Lavendelduft
Menschen in Zelten
spielende Hunde

ich stelle fest
ich kann nirgends hin
ohne meine Lage
zu gefährden

was wäre ich glücklich
wenn Taten gleich Gedanken wären

Berufsinformationszentrum

lässig an die Reling der Dachterrasse gelehnt
erscheint das Anstellungsverhältnis für den Moment erträglich
und für den kurzen Moment des hier
gibt es kaum was zu tun
als in Gedanken zu suchen

Ziel

wie kann man nur so weit gehen
ohne irgendwo
anzukommen
man könnte doch annehmen
dass jeder Weg
auch eine Ende mit sich führt

Mineralien

die Atome starr gebunden
ja es zieht mich
an

Sein ist
nur Stein
Stein nur für uns

sink, sank, sunk

so ein Dichter
wird doch mal versinken dürfen
ganz in der Dichtung
voll in ihren Kurven
ausgeklinkt
aus den Häusern des Hier

Ein Date, ein letztes

etwas, das immer
ausbleibt erzeugt dann
etwas, das es umspielt
oder gar
widerlegt

Rückschau

alles in mir weint
doch niemand bietet mir ein Taschentuch
denn meine Tränen
finden keinen Weg nach draußen

alles verneint
alles das geschehen ist
hast du nachträglich in Klammern gesetzt
meine Liebe
nur ein Fußnotentext

Wunsch und Tat

ich kann nicht mehr
aber ich will dieses kann nicht mehr nicht mehr
was ich gestern gestapelt habe
zählt heute nicht mehr
wiegt nicht mehr
hat jegliche Dichte verloren
fällt deswegen
nicht um

Blutspende?

herzlich willkommen
Sie wirken aber jetzt schon
ein ganz klein wenig blass um die Nase
sind sie sich denn sicher?
Ach,...
Nun, wenn Sie so wieso mit Selbstmord rechnen
dann sollte das nicht stören
dann müsste das schon gehen
doch muss ich dazu vorher noch
kurz den Chefarzt konsultieren
Formalitäten – Sie verstehen

Gute Manieren

wirklich sehr zuvorkommend
doch würde ich gerne
es einmal selbst ausprobieren
ich weiß, dass du weißt
doch kann ich von deiner Erfahrung
nur indirekt profitieren

Realität

dumm gelaufen
schlecht geplant
verkalkuliert
und ungerahmt
voll verzockt
ohne doppelten Boden

Sie, die zweite

diese Frau
nicht da
nicht hier
immer weg
schon wieder
immer noch
nicht vor Ort

Doch der andere ist in dir

komplizierte Komplimente
an das Leben
und an dich
ihn seid nicht eingeplant
deswegen habe ich für euch nur
Komplementärkomplimente parat

Trab

du treibst alles voran
doch was treibt dich eigentlich?
Alles missfällt dir
doch niemanden interessierts
ihr alle seid etwas
doch was genau habt ihr davon?e
ein Vorgartenzaun trennt jede Synapse

Notiz

Wir stellen mit Entsetzen fest
dass unsere Liebsten auch andere liebten
auf diesem einen Auge waren wir blind
das andere überseht mit blinden Flecken
man will die Welt beim Kragen packen und schütteln
damit es etwas zu erzählen gibt
dies etwas
das die Vögel weiter zwitschern lässt

Scham

wenn Schatten tiefe Furchen graben
und Feuerregen untergeht
wenn unsere Liebsten sich bewegen
im Takt ohne weiterzugehen

Vollmond

trotzdem brennt ein LED
beide ein wenig verdeckt
ein ähnliches Licht nur
die Distanz macht es wärmer

at least

ob die letzte Seite vermag
was das Buch bisher verwehrt?
Man mag es hoffen
doch zu befürchten steht
es verhält sich umgekehrt

Diese Zeilen hier

sind für jemanden geschrieben
der sie bestimmt nicht liest
dafür könnte ich
meine Hände ins Feuer legen

Mehr Atmo bitte

auf keiner Kugel dieser Welt
ist die Erde abgebildet
ich sehe nur Globen wohl verhüllt
entsprechend gleich dem Staatsversagen
und du bist nirgends verzeichnet
nicht nirgends nachträglich markiert
nenn ich dich
gehört mir die Welt
doch weiß davon nichts
der Globus

Fressen und Moral stehen nicht
in einem kausalen Zusammenhang

wir müssen
nicht immer alle gut sein
auch Konsequenz
greift bei Zeiten ins Leere
das Gute lässt mich oft erschauern
und Dummes lässt
stets Wesentliches unberührt
drum nimm dies hier
was ich dir gebe
oder zieh weiter
an der Reißleine

Abend

manchmal ist man einfach froh
wenn der Tag vorbei ist
weil dann bald alles
nicht mehr so schwer wiegt
und weil dann auch alles
in seiner eigenen Bahn liegt
und eine kühle Brise
weht dir vielleicht um den Mund
doch nein – bitte sag jetzt nichts
jeder Laut ist ab sofort nur fehl am Platz
an deines Grabes Andachtsstunden

Nur von außen sieht man die Kurve krumm

du deutest stets
in diese eine Richtung
aber du steuerst meist
dagegen

Ein Streitgespräch

in meinen Windungen verschlungen
mit den Ahnen und mit Unbekannten
mit Kollegen, Titatenen und Untertassen
ich sollte sie verschieben
in ihrem Antlitz Morgen früh
denn vielleicht ist ihre Wut erloschen
und die die Weiche wird zur Treppe
und ich bin wieder
unten angekommen

Schlimmer

über den Geist schiebt sich
langsam der Alltag
woher kommt etwas
das nicht schon bekannt war?
Neues erscheint nur den Strebern
so gänzlich unnatürlich
Bewährtes den Dummen nur unergründlich
wenn es an deinen Zweifeln kratzt
gib nach und lass dich überzeugen

Rückkehr

hallo schwarz
schon wieder zurück?
Ich dachte du
wolltest Erleuchtung suchen
Was? Schon geglückt?
Und das ist sie?
Ach.

Nach dem Auftritt

Dunkelheit fällt
erschlägt prompt den Schein
doch was jetzt beginnt
wird allein mir bleiben

Die Führung

wo du gehst
folgt ein Heer
deine Fußabdrücke
werden geflutet von einer Legion
wo du stehst
erblickt die Verwirrung was es hier brütet
werden Klassen geboren
dein Hauch
verspricht Weltgeist
und wenn du zu sonst nichts taugst
das hast du schon drauf
das muss man dir lassen

Was tun Sie gegen Ihre Makel?

man kann den Kopf leicht überlisten
in dem man einfach etwas tut
doch wenn sich die Gedanken schwärzen
trägt man am besten einen Hut

Option

wärest du dabei geblieben
dann hätte ich dir …
doch in deiner Abwesenheit
erreiche ich dich nicht
alleine wirst du bald
verglühen

Verführung

ohne mit dir streiten zu wollen
kann ich nicht mehr mit der sprechen
dein Antlitz schmeckt
ist es wohl gerade das
was mich herausreißt aus der Masse
ein Sprung voraus
ohne Landebahnsicht
suchst du vergeblich
nach Worten die mich zeugen sollen
doch nähebdürftig ist nur die Leere

Adorno behauptet, wer viel denkt, wäre weniger wütend

du denkst viel
viel zu viel nach
du solltest mehr tun
stattdessen sitzt du
hier und denkst vor dich hin

Wir trafen uns und der Weggabelung

wir haben uns von verschiedenen Orten
in die selbe Richtung bewegt
das klingt vielleicht irgendwie kompliziert
und ist genauso gemeint
denn ich kann nicht sagen
was neben dir liegt

Widerliebe

ich will doch nur deins sein
und nicht auch nur immer dabei sein
doch nur wieder klein sein
und wieder verliebt wie kaum einst
in die Welt und in dich und in dies

Poisen

das sind bloß Worte
wie sollten bloß Worte
dich noch bezaubern können?
Dich, die der Schein erst
zu ihrer wahren Größe kommen lässt

Sein & Existenz

dich, die du reeller bist
als jeder Haufen Staub
wer es mit ihr wohl aufnehmen könnte?
Selbst das Sein tritt hier einen Schritt zurück
hinter ihr Antlitz

Umarmung

nein, Worte können deine Zahlen nicht berühren
vermögen dein Herz nicht zu umschließen
wir hielten den Schein
zu lange für eine Fuge der Kategorie
doch bleibt allein
wer sich nicht scheinbar fügt

Geh weg

geh mir aus den Augen
geh mir aus dem Weg
geh mir aus der Birne
mach das sich nichts regt
wenn du zu mir kommst und sagst
dass alles schon wird
auch ohne dich

Dogmen

du wolltest mich erden
stattdessen hast du mich begraben
ich stosse auf etwas
das mir bitter aufstösst

Kamst

du kannst dein Können beantragen
musst ohne Unterlass
ständig etwas daraus machen
doch was in dir nach Übung schreit
verzaubert mich nur
wenn es ausbleibt

In mitten von Versicherten

wer vorsorgt
hat oft das Nachsehen
weil sich Dinge
oft umkehren
ganz im Gegensatz
zu uns Menschen
die immer nur
ihr Leben lang
schwanken

Grenzerfahrung bei Karlsruhe

an der Kante
bröckelt der Putz am schnellsten ab
schuld ist der Hund
und ich ein klein wenig
der Finger baumelt im Henkel
der Herr mit dem Hut
scheint im Urlaub zu sein

Glaube vergeht

dein Glaube an dich wälzt mich nieder
in epileptischen Bahnen
x mal so schwer
wie ein kleiner Planet
dann stoß dich nicht an
dem was andere lassen
und sieh nicht zurück
der Urknall ist
verflossen, verstrichen
vergammelt, verblieben
was geht noch?
Schnall du dir bloß kein
Stirnband um die Ohren
und reiß dich zusammen
und reiße mich mit

Leid & Laster

keines deiner Leiden
legt von selbst sich mit der Zeit
du musst sie schon vertreiben
mit Baldrian und Heiterkeit
keiner deiner Wünsche
wird von alleine plötzlich wahr
siehst du auch nur ein Bruchstück blitzen
pack es sofort schnell bei dem Haar
keines deiner Dus
wird dich je in Frieden lassen
zuerst musst du sie abstoßen
um sie beginnen zu lassen

semitransparent

durch den Regen hindurch
sehe ich Blätter
durch die Blätter schimmern
die Fassaden der Nachbarn
durch die Luft zieht
etwas verbrauchtes
durch dein Warten bohrt sich Gesprächsbedarf
wir müssen reden
schon klar
nach so vielen Tropfen des Schweigens

next stop

hier wollte ich aussteigen
doch dieser Zug
hält nur bei Bedarf
jetzt liebäugele ich
mit dem Notbremsengriff
doch mögliche Konsequenzen
scheinen nicht gerechtfertigt

everything goes

alles läuft wie am seidenen Faden
nur die Büsche kommen ins Straucheln
verlangt wird von mir nicht viel
das läuft angeblich über Umverschuldung
weniger Menschen werden gebrandmarkt
nur das Schreddern männlicher Kinder
bleibt weiterhin legal

Deine Gunst

habe ich verspielt
fast degradiert
deine Brunft
förmlich ausradiert
doch was mir an dir am meisten missfällt
ist dein Wunsch

Deine Kommandos

sind kaum zu befolgen
sind unausführbar geradezu
vielleicht mit Geduld
im Lauf der dekaden
und verfeinerter Technik
können wir dei-
nen Wünschen entgegnen
bis dahin finde dich damit ab
dass du selbst ganz allein
dafür zuständig bist

Der falsche Moment

warte nicht länger
höre auf dich zu bremsen
besteige die Berge
sie bringen dir wohl den Glanz

Ehrenkodex moderner Singles

von deinem Schmerz
soll keiner je erfahren
dafür machst du die Scherze
mit allen und zu jeder Zeit
ich habe das sicherlich
auch anzuerkennen
doch war es leicht
sollte sich immer bewusstmachen

Glanzleistung

und nicht nur eine
wie du dich schnell zu ergänzen bemühst
wir sind förmlich umzingelt
vom Geruch der Genialität

Zierrat

an diesem Bottich
scheiden sich die Geister
kein Weg führt daran vorbei
kein Kompass hilft hier weiter

seine Flügel gen Boden geneigt
seine Fährte lässt sich kaum noch sehen
er scheint Löchern zugleich
seiner Aufgabe gewachsen

er ist wohl was er ist
ein Bottich nicht mehr
gerade noch genug
um meinen Durst zu stillen

camouflage

Konflikte tarnen
gut für uns beide
und sind wohl berühmt
für das Amt
doch das
was ich meine
passt auf kein Formular
geht nur unter der Hand
wie weit du bist frag
nach wenn ich da bin

Sackgasseneinkehr

so ganz ohne Begleitung
geht es hier nicht mehr weiter
das gibt es
das ist
mein voller Ernst
zu zweit muss man begleichen
was nur einer angerichtet hat
das muss wohl so sein
das gilt es scheints
zu akzeptieren
und wenn es dich stört
und wenns dir nicht passt
mach dich vom Acker
und lass mich allein
mit meinem Picknick
geh du und träume
heut nacht von den Sternen

unerbetener Beistand

wahrscheinlich gibt es kaum was hier
das einen Lehrsatz mehr verdient
als die Winterjacke in der Sommersonne
die einem Toten gleich am Haken hängt
hier vor mir auf meinem Balkon
der sich nie aufräumt

**Wir bitten Sie um Ihre Meinung, verpflichten uns jedoch
nicht, diese zu berücksichtigen**

Kundenkommentare
so habe ich gehört
sind eine bedeutungsvolle Ware
war man sich einig
was sich auch darin spiegelt
das Kundenkommentarfälscherbanden
vermehrt ihr Unwesen treiben
Doch wie fälscht man überhaupt
ein Kommentar?
Ich frage mich
ob sich auch mit der
Fälschung von Gedichten
Geld verdienen lässt

Des weißen Otters Oberhaar

fliegt es davon
türmt es sich auf
und sieh nur seine Euter an!
Die stehen stramm am Wegesrand

Rainbow

mein Licht streift einen Baum
im obersten Geschoss
ansonsten ist es Nacht überall
die Fratzen des Tages
wurden niedergelegt
auf Matratzen aus Rosen
bleiben sie liegen bis spät
zu folgenden Nähten
die all dies verbinden
lässt sich kaum etwas sagen
liegt die Wahrheit
doch im Schweigen verborgen

Eine Nahtoderfahrung ist die ungefilterte Wahrnehmung

nach einem Filter wühlend
bog er in die Straße ein
aus der das ganze
einst gemeldet worden war
er erreichte
sein Ziel zu schnell
noch nicht einsatzbereit

Dein Herrchen ohne Namen

du fügst dich zu zügig
ein in die Reihen der anderen
bist zu sehr fokusiert auf
die Faszination am Besonderen

Vorfreude

als Anton ankam
empfingen ihn böse Gedanken
daraufhin schrieb er sich
ein Zettel nur mit Überschrift
ich würde gerne sagen was dort stand
doch seine Handschrift ist unleserlich

Ein Einzelgänger

ein Denker
der dem Wissen misstraut
hat erstaunlicherweise
nicht viele Freunde

Die Ununterschiedenen

es werden einfach zu viele
von immer den Gleichen
Leuten in der Umgebung
alle sind ähnlich
doch kaum einer sich selbst
vielleicht daher so klammernd
an Individualität

Insolvenz

mag kann einen sehen
jeder für sich
ohne Vogelaugen
und wenn dann gleich zwanghaft
vielleicht sollten wir alle
so nachlässig bleiben
ganz ohne Anspruch
auf Unterlassungsleistungen

Selbstzweifel

wie abweichen
von einer Fährte
einer Spur oder einem Verdacht
und wenn es richtig ist
dir zu misstrauen
wessen Erkenntnis
nimmst du in dich auf?

Leib & Liebe

Du bist bei Leibe
für die zweite Reihe zu dick
doch für die erste
leider zu ungeschminkt

Im Naturkundemuseum

so ruhig wie der Habicht
auf der Autobahnplanke sitzt
einhundertvierzig
Kilometer pro Stunde
langsamer als der Durchschnitt
so ruhig wehen meine Gedanken
an ihm vorbei
streifen zärtlich
seine Schnabelspitze
messerscharf hinaus ins nichts
für diesen Augenblick
in dem wir uns anschauten

Traumfänger

die Taubenfalle schließlich
sie brachte den Erfolg
und förmlich umfloss diesen
Teilaspekt des Weiterkömmlings
der heute auch Tat ist

Geleitete Leidenschaft

auf deinen Stolz
gibt es kaum je Rabatt
doch in deinen Schoss gerollt
ein kleines, graues Morgen
das kein hier mehr kennt
vielleicht gut so
und demnach ein bisschen beschämend
wo zwei sind^
bleibt eines meist unerwähnt

Kategorisierung hilft

unter anderem euch
werde ich definieren
als eines, das gleich ist
etwas kann, doch nichts tut

Gewohnheit

Kopf gewöhnt sich
Körper gewöhnt sich
Köder gewöhnt sich
Können gewöhnt sich
Konto gewöhnt sich
Koloss gewöhnt sich
Kolumbien gewöhnt sich
Kompromiss gewöhnt sich
Köln gewöhnt sich
Konsonant gewöhnt sich
Kondolenz gewöhnt sich
Kommunion gewöhnt sich
Konflikt gewöhnt sich
Konstanz gewöhnt sich
Kommando gewöhnt sich
Kolibri gewöhnt sich
Komiker gewöhnt sich
Konsiliargemeinschaft gewöhnt sich
Konfrontation gewöhnt sich
nur Geist
widersteht

Status bitte

es gibt zwei Probleme hier
eines steht neben der Welt
das andere draußen vor der Tür
beides sind nicht meine
und doch betreffen sie mich
sie drängen sich auf
und ziehen sich zurück
auch Spannung genannt
meist unterschätzt

Immerzu

schau ich dein Bild an
ohne dass dabei
etwas herauskommt

alles bleibt Bild
solang ich es schau
nur was nicht gesehen wird
bleibt reines sein
so wie so viele Frauen
hole auch ich mir
ein wenig Freude
aus deinen Augen
so sprach sie

Durchhalten und dann?

diese Durststrecke lässt sich nicht herunterspülen
zu viele Komplizen suchen nach Anschluss
das Sein bleibt nur mehr eine Eigenschaft
ohne Verbindlichkeit zu existieren

Ex-Heimat

dein Kauderwelsch ist von dir abgefallen
dahinter schält sich die fleischige Frucht
du ballst die Fäuste nur zum Schein
und erliegst diesem auch äußerst erfolgreich

Kommandozeile

du verfluchter scheiß Idiot, mach bloß, dass du fortkommst

Seit unserem letzten gemeinsamen Urlaub können wir keinen Sex mehr haben

Es biegt im Winde sich der Pelikan
der König beugt sich seinem Untertan
Wasser plätschert nur wenn es fällt
ich verlasse dich und du
verlässt dich auf Welt

Küste

Gischt spritzt
bei diesem Wellengang
wer kommt voran
wer bleibt stehen
niemand kanns wissen
doch alle es sehen

wenn sich Dämonen lohnen
kann man schon erwägen
diese Dämonen auch zu schonen
und nicht reflexhaft auszutreiben

und wenn die Engel sich nicht zeigen
dann ist es schon verständlich
sie auch mal zu verneinen

als Bildnis kann man sie behalten

doch wenn sich über der Natürlichkeit
nichts mehr ausbreitet, sich nichts von ihr
mehr ableiten lässt außer Staub
muss man sich nicht darüber freuen
aber muss man können

fristlos gekündigt

Zeit klemmt
mich ein
Zeit klebt
mein Bein
fest am Boden
Zeit brennt
mein Gehirn
Zeit zeigt
sich auf meiner Stirn

Bedarfsanalyse

Flaschen voll Wasser
geleert ohne Zwang
Stunden vermehren sich
ich bleibe zu dritt
dein du fällt aus der Reihe
deren Ordnung
ich kaum begreife

Modulo

wie gut, dass du nichts für mich übrig hast
nicht einmal deine Erfolge geben dir recht
und was du übrig lässt
schmeckt nur nach Moder

zu viel Eisen im Blut sei daran nur Schuld
und zu wenig Natron in meinen Speisen
doch verweist die Chemie interpunktiert
geradezu auf dein Befinden

an allen Fronten

Komplikationen mit Drohnen und anderen Flugobjekten
die sich am Himmel versteckten und ihre Kanonen
sie richteten sich unverholen auf diejenigen welche
mit ihren bleichen Gesichtern und dreckigen Hälsen
uns allen als das Böse gelten das unser Leben bedroht
doch halte ich das für fraglich vor allem bei Tageslicht
und wäre es möglicherweise nicht andersherum
wären wir nicht so überheblich oder sie nicht so dumm
lasset eure Drachen steigen ihr Bürger des Immergleichen
doch passet gut darauf auf dass sich die Schnur nicht
verheddert
in euren Fächern mit Ködern gespickt um dicke Kinder
anzulocken

Quarksalbe

Wunderheiler
begegnet mir bitte
mit gebührendem Respekt
denn sonst warne ich euch
ehe ihr euch verseht
bin ich schon verreckt

excursion

the ghost that I chose
left a lack when coming back
but the instructions were clear
and I began to believe
that he could be right

ich sehe was, das du nicht siehst

ich sehe wie du neben mir liegst
ich spüre wie du neben mir wiegst
ich schmecke wie du neben mir brichst
ich höre wie du dich neben mich hievst
ich störe wenn du neben mir dienst
ich weiß nicht was du neben mir willst
ich rieche wie du neben mir siechst
ich denke dass du neben mir dies
nicht tun solltest

Op-Art

weiß flimmert
in tausend Schattenstufen
und verkümmert
wenn man den Mittelpunkt markiert
es kommt noch schlimmer
nichts wird serviers

Warum ich so selten ausgehe

du ungerechter Lurch
durch deine Furchen fließt Galle
aus deinen Augen spritzt Neid
du begleitest mich heute
bei diesen Zeilen
und bist damit
hoffentlich ausgebrannt

Extremsport

man traut sich kaum noch
seinen Augen zu glauben
schaut um sich
doch blickt nichts
und nichts einen an
und ihr Profil
vor kurzem gelöscht

Objekt

ich liebe deine Begierde
doch du verwehrst mir
mein Begehren

Lebensentwurf

sieh deine Komparsen
wie sie dich alle hassen
egal wer sie waren
wer dir heute folgt
ist nur ein Witzbold

abgekartetes Spiel

manche Dinge müssen erledigt werden
andere bleiben liegen
die wichtigsten nur jeden Tag aber ganz
alles weitere lässt sich verschieben
ein unregelmäßiger Quartalsüberblick
überrascht mich jedes mal
was eben noch hintangestellt
ist jetzt heruntergeflogen

Wo beginnt Leben?

nicht alles was lebt
bewegt sich
doch alles was hebt
versteht sich
nicht alles was liebt
pflegt sich
dafür alles was lügt

Spiegelung an unruhiger Wasseroberfläche

du bedauerst
dass du mir deine Nummer gabst
wieso?
siehst du dich schon vorm Traualtar?
du hast wohl Angst
dass du meinem Charme nicht
widerstehen kannst
dann ruf sich mal an
die eins zwei drei vier fünf sechs sieben

Fokus

das Gewitterknäuel schweift ab
es zieht gewissermaßen
vorüber
wenn ich davon nicht im Fernsehen erfahren hätte
hätte ich es glatt verpasst
so steh ich im Freien
und recke die Fäuste empor
komm schon du Feigling
vor deinen Blitzen fürchtet sich niemand hier

Verabredung

du beginnst mich zu streicheln
oder hast du mich bloß gestreift?
Ich versuche deinen Blick zu deuten
doch er ist mir abgeneigt
zuletzt dein Kichern verrät dich
meines auch mich
es war ein schöner Abend
aufs Teufel komm raus

aus gerade

schnurstracks der Bindfaden
ein strammer Soldat
der Armee der Genialität
ich spüre seine Pike
tief gebohrt in mein Gemächt

Wunschsumpf

Unzucht umzüngelt
 deine Kuppe des Fingers
 doch leider nur kurz
 nämlich bis ich furz

man darf nicht in die Sonne schauen

du stehst rechts von mir und unterbindest
meine Vorratsdatenspeicherung
du verrätst nicht was
bei dir zündet
verschwendest
meine Zeit mit Genuss
stehst stramm und begründest
dein Dasein mit dir

unterhalb des Schwellenwertes

du sollst nicht richten
was missfällt
du sollst nichts wählen
was dich lähmt
du sollst nicht buddeln
nach Trüffeln
wie die Schweine im Wald

Botanik

du dreckiges Stück Flieder
knie gefälligst vor mir nieder
sonst lass ich dich nicht weiterspriessen
sondern verwandel dich in ein Duftkissen

Vom Hörensagen

es kam mir zu Ohren
du seist geboren
vor heute genau
einem Jahr mehr
drum habe ich das hier
für dich gebacken
und obendrein
gibt's noch ein Lied
wenngleich auch beides
nicht sehr gut riecht

underscored

ich wünschte ich hätte
schon mein Leben lang
Ordner angelegt
mit all den Dingen
die mich interessieren
wie Zeitungsartikel
oder Fotografien
eine Locke von ihr
und vielleicht ein Brief von dir
ja ich wünschte ich
hätte alles gesammelt
worin sich mir das Dasein zeigt
dann wär nicht alles vergammelt
und ich wäre sicher weiter heut
oder hätte ich doch nur
adäquate Zitate zu finden
denn es gibt etwas, darin
gerinnt selbst der schwarte Ordner
zur bloßer Substanz
in meinem Gehirn

Lebensabschnitstausschuss

es treibt dich neues
nur wie es heißt sagt es nicht
es macht dich nicht glücklich
aber ertränkt deinen Frust
was es zeigt
bleibt sein Geheimnis
und steht im Konflikt
mit deinem Offenbarungseid

Vergangenheit wird in Zukunft entstehen

wenn Bekanntes erst nachträglich
real wird
Verliert das Imaginäre
schnell seine strukturierende Kraft
und im Symbol verkehren sich
Bedeutung und Zeichen

law & order

nur ein paar wenige Gemüter
denken was man anderen tut
bekommt man angeblich vergolten
doch sie ziehen vorbei
und die Natur ruht
weiterhin in ihren Zeichen

wo wir uns das erste Mal begegnet sind

auf dem Bett
ein Paar, das Schuhe schnürt
unter der Decke
vor dem Kamin
durch die Ösen geschlungen
nur lose verbunden
dort will ich hin
will, dass das Paar sanft um meine Kehle legt

Auf hoher See

vor diesem Schritt
fällt ohne Unterlass Staub
der Kapitän trägt
nichts als seine Sonnenbrille
sein vergilbter Penis
lümmelt faul herum
legt seine Gedanken bloß
und sehnt sichtlich nach Vergeltung
für das verstaubte Deck

versagt mit 40

ich entschuldige mich bei meinem Leben
doch das grüßt mich versöhnlich und zwinkert mir zu
„Alles schon vergeben.
Stell dir bloß vor
du wärst ein anderer
dann hätte es mich nie gegeben."
zwar klingt mir diese Analyse
etwas zu banal und nicht genug durchdacht
vielleicht lasse ich es weitersiechen
doch das muss es nicht wissen
das mach ich diesmal hintenrum

Dieses Netz

zerknüllt in der Ecke
kaum noch die Maschen zu sehen
kann lässt sich der Zweck mehr erraten
kaum fängt es
einen Rosengarten

Gesündigt

die Luft die du atmest verrät dich
so tief wie du inhalierst
da sind Rückschlüsse möglich
auf jenes was die Seele friert

Sitzung

es macht mir
unter uns
ein gratis Über-Ich

Ein letzter Freund des Menschen

für einen kurzen Moment
hasse ich euch, ihr Menschen
und meinen kalten Kaffee
neben mir klappert die Tür
der freundliche alte Mann aus dem
zweiten Stock besucht seinen Speicher
er hat eine schreckliche Frau
und trotz allem gönnt man sie ihm
und ich wünschte dass
ich lauter fluchen könnte
denn dann fällt das Hassen
gleich viel leichter

Der Klavierdeckel fällt

das Publikum tobt
die Absätze klackern
Staub fällt von der Decke
alles nichts ohne
niemand reicht aus
doch so ist das eben
nur gefährliche Kunst
ist gut

Gegenfrage

du stehst
außer Frage doch was steht
ist oft spröde und böckelig
das geht dich nichts an
vielleicht gehst du dann besser
und vielleicht
schlafe ich besser
in einem Bett
du fühlst dich gut an
doch was fühlst du
dabei eigentlich?
Außer temporärerAbstinenz
lass es bleiben
kaum zeig
dich nicht noch einmal
von deiner schrecklichste Seite

Der Herkunft des Flecks an der Wand

bleibt völlig ungeklärt
gehen muss er trotzdem
denn niemand außer mir
hat hier ein Recht auf Sauereien

Die Reduktion des Nichts

auf Tagesaktualität
besonders das fett gedichtete
entpuppt sich als leer
vielleicht deswegen
diese deutliche Umrandung

vielleicht kommt daher auch
das Atemminzbonbon
um diesen stinkenden Dreck
erträglich zu machen
was hättest du sonst davon

Draußen etwas

offensichtlich
drinnen auch
höchst wahrscheinlich
was sie verbindet
ist was sie entzweit
unschön ausgedrückt
tut mir leid

Zwangsreinigung

viel zu viel Dreck hier
Umschuldung
nicht mehr liquuide
noch mehr Unsinn
mein Verlangen ist tot

Nichts passiert

außer Chaos verschluckt
die Ursuppe köchelt
noch immer auf dem Herd
auf dem Tisch
erkaltete Vorspeisen
und warmer Aperitif
fraglich ob
sich lieben hier lohnt

Umzäunung

nichts liegt mehr
da draußen verborgen
nichts wiegt mehr
als der Schatten der Sorgen
nichts hält mehr
als ein Versprechen das bricht
kaum etwas
vermisse ich mehr
als mein dich

Gepflegter Härtefall

die Schreierei verhüllt sich
kleidet sich in seidene Gewänder
und am Ende
setzt sie dich als Erzähler
weg mit dir
soweit es geht
sofort und für immer

Irgendwas war da etwas

ein Erinnerungsbild bedarf
das Bewusstsein wahrgenommen werden zu können
ein Erinnerungsbild liegt ohne
Trauminhalt näher als wir vermuten
es hat nur ein Innenfutter

Deine Seele

schreit ja förmlich
nach Erniedrigung
das ist nicht vornehm
das ist dämlich
doch kein Weg
führt darumherum

Die Überwindung der Schuldfrage

du scheiße?
Ich scheiße?
Nein
einfach beide versagt

nur was du tust passiert

nur was du tust passiert

Selbstbeschimpfung

du Heulsuse
du Arschloch
du Scheißbetrüger
hast du mich genannt
und bist leider danach
nicht verstummt

Letztendlich ein bisschen weniger

ich will nicht zu dir gehören
drum bitte lass mich gehen
auch wenn wir einst zusammen wohnten
schliefen und träumten
das ist nun vorbei
ein weinender
und ein lachender Hoden
begleitet dabei mein
Gefühlsfetisch

Selektionskriterium

auf deinem Schirm
fehlen die zentralen Elemente
dein Arbeitsgedächtnis
zu oft nur Teilzeit am Werk
dagegen arbeiten alle
an individueller Pracht
äußerst begehrt
sind digitale Bilderrahmen
mit wechselnden Bildern
von den kleinen
und das Alter

Übertragungsprobleme

gemeint hast du jetzt
gesagt hast du nichts
zu jetzt sei es zu spät
doch damit ist auch nichts erledigt
wie man es wendet und dreht
ist sicherlich notiert
nur leider mit Passwort

Konfrontation

stellt noch die attraktive Kollegin zur Rede
Sag mal, hast du Probleme damit
ich lächle verlegen und entgegne
wann dann des kleinste hier auf dieser Welt

Einfall

Sonnenstrahlenstreifen
verhindern die Arbeit
also mach ich es dunkel
Morgens um neun
ich kann das nicht leiden
doch fragt mich ja keiner
aber Moment
noch bin ich allein
dann noch einen Moement
nicht arbeiten

Der gebrochene kleine Zeh

jede Pflanze ist am Arsch
da könnt ihr euch das Gratisset
auch schenken

verwahrheitet

deine Fetzen hängen in Kleidern
von deinem Körper herab
ein Trümmer im Haufen
versperrt uns die Ausfahrt
dein Jahresgespräch
ist gut verlaufen
das Ergebnis jedoch
wird nicht mehr umgesetzt

Zu Weilen

scheue ich die Handlung
ja schrecke
förmlich zurück vor meinem Tun
breche es ab oder halte
noch an bevor es beginnt
doch zu Weilen hält das nicht
weil ich einer
von euch bin

Read this

die Schuld liege bei mir war dein Statement
die ganze Eskalation nur bedingt durch mein Zögern
so das verknappte Resümee
alles in Schutt und Asche gemeißelt

Der Moment, der nur uns beiden gehört

wenn du blinzelst
zuckt mein Lid
wenn du grübelst
beginnt mein Kopf zu glühen
wenn du klingelst
bin ich hellwach
wenn du bummelst
bin ich zu schüchtern dich zu begleiten

Tag und Nacht

tick tack
klick klack
bei Regen und Sonne
Mieder, Mittel oder schwer

Die Wiederholung ist zu Unrecht verschrien in unserer Kultur

ich schaus mir lieber zweimal an
weil beim ersten Mal
vielleicht hats da getäuscht
sich quergestellt und mich blockiert
vielleicht war es noch nicht bei sich
oder zeigte sich nur
nicht von der Schokoladenseite
vielleicht bin ich zu blöde
doch ich weiß nichts genau
ob ich dann was ich höre und sehe
mein Glauben schenken soll

Glasrahmen

amateurhaft vergoldet
ich höre sanft
das Klirren der Trennung

Freude auf gelb

warum eigentlich nicht
es ließt sich nur schlecht
der das höre nicht sicher
denn es ist nicht
wie ein kurzer Ausgang
leider ist die Gesamtaussage
fast schon ebenso vergilbt

Widmung

an Kumpels und Kinder
und trotz allem
hat sichs also dennoch gelohnt
danke jungs

Niveau in Dosen für unterwegs

du hast deinen Standard
an den Tankwart verhökert
und mit dem Spehnlaut
an der Kletterwand geschäkert
den inzestuösne Brechreiz unterdrückt
lassen wir das mal bei Seite
denn hier kommt meine Beichte
all das will ich auch

Wut, die zweite

tut gut
Mut
macht nur Ärger
Zuversicht erlischt
Trauer lauert auf den richtigen Moment
in dem Freude zu brennen beginnt
Wunsch schrumpft dumpf vor sich dahin
Ehre wäre hier nur kontraproduktiv

Tränen zeugen nicht immer von Trauer

Die Augen tränen vor Wollust
ich glaube nicht mehr
dass man alles gesehen haben muss
und der Tropfen , der austrat
auf der Wange meines Kindes am Strand

Selbstidentität lässt mich erschaudern

ich brauche stets
etwas Distanz zu meinen Taten
so wie damals und gestern
mehr wird nicht verraten

ich möchte mich auch gar nicht
mit meiner Arbeit identifizieren
und genauso wenig mit Freizeitvergnügen
auch will ich die richtige

Entscheidung nicht präsentiert bekommen
dann würde ich sie ja übernehmen
anstatt sie zu entdecken
und überhaupt betrachte ich alles

was mir nah sein will mit Skepsis
denn es kann sich ja nicht wieder umentscheiden
am liebsten würd ich dich begleiten

Gruft der Zukunft

es tut mir leid
doch halt ich dich ab heute
für einen Faktischist

Gut geworfen

da war die Welt
weg mit einem Schnips
von einem Moment auf den anderen
war sie nicht mehr da
ungläubig hier ich deinetwegen
doch es war wie es blieb
ich noch hier
doch sonst
nichts da

Zieldefiniton

für all jene
die nur geradeaus wollen
ist jeder Berg ein Hindernis
nur für jene
die hoch hinaus wollen
liegt auf dem Gipfel das Ziel

lost

es verliert irgendwann seinen Reiz
ständig die Feile zu feilen
bin ich jetzt bereit
für bloße Oberflächenspannung?

Vollmond

welch selbstreferentielle Geste
Mond voll von sich selbst
nur das menschliche Ich ist immer weg

Klanggut

konvexe Kanäle
konsolidieren sich
in Klingeln
willst du das Leibes Schande tragen
so musst du dich verjagen

der Konkurrenz wird kondoliert
ihr seid nicht mittendrin
ihr seid nur hier
was mir größtenteils gefällt
denn nur so
bleibt dieses meine Welt

Wohl inszenierter Untergang

Sonne stellt den Mond vor
leider zu sehr die dunkle Seite

Verfügung

Altpapier in den Container
Altkleider in den Sack
Alternativen ins Notizbuch
alte Freunde auf Facebook
Altöl nicht in den Abfluss
Altobjekte entsymboliesiert
Altworte in den Schrank

unwerte Aufmerksamkeit

ich schweife oft von deinem Blick zur Mitte ab
was macht die Mücke hier mitten im Winter?
Nein ich bin nicht bei Sinnen
Ja, was ich bei anderen so verachte
Nein mehr kann ich dazu nicht sagen
Ja, dann mach du das, was besser wäre

Wiedersehen

wenn ich in diese Tiefe blicke
erdrückt sie mich, entrückt kehr
ich mich um und schau noch oben
alles verlogen

There are

es gibt Aussagen
es gibt Bilder von Aussagen
es gibt Bilder dieser Bilder
und es gibt Gefühl

Keine Umkehr

ich wollte dich nie
alleine lassen
doch der Platz an deiner Seite
war unbewohnbar geworden
rearrangiert und zugepflastert
mit Boden
auf dem nichts mehr kann

Erkenntnis hilft nicht immer weiter

das Leben besteht
aus so unendlich viel Stuss
es wäre Unsinn
darin etwas zu suchen
die Welt besteht
aus so vielen Zeichen
es sind einfach zu viele
um sie zu vergleichen

Die Augen sind kleiner geworden

haben sich zu Schlitzen verengt
allem Anschein zum Trotz
schlüpft noch ein schmaler Blick durch sie
in die Welt
die ist wie zuvor
nur mit begrenzten Aussichten

Bitte hör auf zu stöhnen

euer Getöse stinkt mir
leise seid ihr mir viel lieber
und noch mehr
seid nicht so
ich könnt mich euer auch entledigen

So

hier also ausgesetzt
hier her also verbannt
zu Sonne Wasser Brot
also eigentlich
gar nicht so schlecht hier
nur die Liebe
fehlt

In vollem Lauf

gehend zückte er den Füller
lies sich niederfallen und schrieb
ein paar Zeilen und blieb
dort noch die nächsten Jahre so liegen

Zeichensätze

dicht gedrängt
warten auf Einlass
sich Gehör zu verschaffen
Lebensspiel setzend
und wenn nur
für einen kurzen Moment von Macht

Diese Worte

die du schreibst
die kenn ich nicht
die sind mir fremd
und auch wenn du es benennst
brennt es aus
das ist alles
was noch zählt

Mit Verzweiflung, ohne Verzweiflung, spielt keine Rolle

ohne das Grauen dieser Tage
wäre ich ein anderer
hätte ein anderes Sein
wäre vielleicht mal gar nicht so schlecht
ja einmal ein anderer sein
das wäre durchaus einmal sinnvoll
denn sich selbst
verzeiht man ohnehin jeden Schmunk

es klopft

doch nicht mehr in meinem Herzen
was bittet um Einlass
wer zuckt auf mich zu
es tut leid
mich minder zu öffnen
doch jenseits von dir
gibt es nichts das du sehen könntest

Kälte bricht

zwischen den Sohlen
des Fußes, der Schuhe
und es kommt selten vor
dass mich jemand trifft
zwischen Achtung und anderem

Letzendlich

und dann dort
hinter all dem Nebel
ein Streifen Horizont

Der Kleister in deinem Haar

er geht nicht mehr weg
auch nicht beim Waschen
nicht weg
niemand weiß Rat
bis am Ende ein Schluß
nur noch bleibt
es ist das Harz des Gehirns
das deine Zotteln verklebt

Das Wohnzimmer, eine geistestortur

die Couch lauert in Einzelheiten
zerlegt auf dem Balkon auf
die nahende Einheit
bleibt der Tod doch
das einzige um die
Trennung der Welt zu beheben

Abgestoßen

Konventionen lohnen sich
meist im Vorbeigehen
und beim Nachtreten
da macht so eine Kameratschaft Sinn
auch beim Wegducken
aber niemals
beim Weitspucken

Wir lesen von den Wänden

die hinterlassene Notiz
klebt immer noch am Rahmen der Tür
doch sie erreicht mich nicht
gewesen nie ich
passiert sie im Vollzug
nicht in der Aufbewahrung

Stromschnellen

oder doch nur
ein Adäquator
ein Brückenarbeitsplatz
hat hier nichts zu suchen
die Umgebungsvariablen

Umkehr

die Kultur macht kehrt
re-ontologiert sich
Ermessenspielraum versinkt
in Wohlfühlfurchen

Neid

so sehr ich die Zeit auch beneide
sie staut sich einfach nicht
sie zieht sich
immer nur ab
bäumt sich dann
nicht mehr auf

Einseitige Berührung

nichts zeichnet dich aus
Sturmhaubenhässchen
stramme Leine
die Empfindung verstreut
über Körper und Geist

Zweimal Freiheit zum Preis von einer

nicht alle Nachdenker fallen
dem Strick zum Opfer
alle die halten
unverstrickt in Dinge
und wenn du ihm eine Spur gibst
durch quert sich das Rückenmark
vielleicht unversehrt

Blattgetuschel

ich lass es kurz
fixiere nur den Rost
am Horizont
der deine Perspektive krümmt

Erwachsen

Steinschleuder abgelegt
nie getraut zu treffen
sicher alleine damit
nicht mehr als helle Handlung
auf Trostblättern
legt den Baum dieses Jahr wieder
und was im Sommerschatten spuckt
stiehlt
mir das Licht

Vereinigung

Welch Assemblage
aus fahlen Geräuschen
zu lange gekühlt
wie den Riss ertragen
Rufe zu zeigen
die Schuld ist verschämt
darunter die Neuheit freigekratzt

Fülle

dieser Erker voller Übungen
fest gekettet im Verließ des Behagens
Anschuldigungen aus dem Möglichen
der Potenz entrissen
dem Reale entraubt

Der Abend dehnt sich aus

Korkendreher drehen sich
mit dem Gewinde gegen sich
Samt tropft
aus deinen Listen
auf deinen Lippen liegt ein Seufzer
nur laut wird es nie

Unterwerfung

deine Stimme verschlägt mir
den letzten Wunsch nach Sprache
hörst du nicht wie
das Rastermaß zu wackeln beginnt?

Trost

schon lassen zu euch
das tröstet dich weiter
zu spinnen bekannt
hier keiner mehr was
aus Zellen geritzt
geheimen Vokale
die niemals leer wurden
weil wie voll denn sind

Abbruch der Verbindung

Weile wellt sich
Welt wabert
nur Wollen umgrenzt
erzwingt Höhe und Tiefe
und hinterlassen wird
nichts zurück
wie wir es vorfanden

zu oft

wie oft kann man
an einem Tag verlieren
wie oft sich mit Wahnsinn infizieren
wo bleiben wir versehentlich
und wo
fällt uns der Boden der Tatsachen auf die Füße

**2019, irgendein Tag im Januar
mit falschen Versprechungen**

ab hier geht es
auf umwärts
doch oben
nie wieder wegdrehen

Niete gezogen

nichts mit dieser Welt
läuft sagend sich
nichts löst sich mehr
in Moment auf

Hyperrealität

Querverweis überfindet
Oberflächen im Grund
hier begibt sich alles zweifelsfrei
in die nächstbesten Arme

Der Unterstand

stand von vorn übergebeugt
der den flachen Winkel
zwischen Dach und Gestänge
lässt auf Fallplanung schließen

Verlust ohne Ängste

Umgebungen brechen
gesichtet durch Aumplituden
Speicherverwaltung kaum nötig
denn hierauf hat alles Platz

Der Strand

zieht voraus
hinterlässt triftige Gründe
ihm nicht zu folgen
sich zu mitten zu zeigen
in seiner Nähe
erscheint hier umgehend

Mein Zeicheninventar

reicht kaum bis hier herunter
mein Kopf wird nicht mehr
und die Welt nicht kannte

Hinterleiber

seelenfrei
untröstlich um sich noch zu zeigen
Efeutreppen
der Schnitt in den Garten um sonst
Gedanken an Schnittlauch
wir haben die Kräten
alleine gelassen

Schaumgewitter

bayer
die Schwere der Flüssigkeiten
Nebel
kann man im Dazwischen leben
zwischen mir
bei dir
am Kopfende
zu Füßen der Befriedung
 zwischen uns führt kein Weg hindurch

Satzung

ein bisschen Regen fängt
nur zur Ankündigung des Gesetzes
bleibt dieses uns
beschweren sich die meisten

Trauerwalzer im Anmarsch

keines der Frühwarnsysteme
hat rechtzeitig
angeschlagen
keines der Tiere
manche Unterhaltung
vielleicht sind sie für diese
Schwertrag in sich krumm

51%

der größte Teil
der Ursachen
wird wahr Eintritt ein
Kontrastteppich betrieben

Lust aufs Leben aus Mangel an Alternativen

das Gefahrgut der
Welt ist zerrissen
und Anmut nährt mich
zahlt unbestimmt

Zerflossen

von außen betrachtet
ziert die Zerufung
alles aus innen

Die Gleichzeitigkeit

schließt sich ab
an Bedürfnis des Moments
die Fähigkeit
nicht alles zu wissen
unerfüllt dem Sterblichen um
an Überlegenheit

Klammerhypothese

wäre dem so
wäre es anders
verblinden mir freundlich
gilt es nicht mehr zu sterben
doch sein Haus ist immer
nur das der anderen

Umschuldung

hoch qualifiziert
verdient
die Schürze dieses wurde
vom Augenblick unverdrängt
statistisch bequeeren

Äquivalenzklasse

ganz nach Bedarf
alles unterbringen
alles verbrauchen
die Norm hats gezeigt

Der Morgen

sieht sich als die Geburt
des Neuen
doch die Tat
der Nacht
wird durch nichts getilgt

Reiche mir bitte mal die Bedienungsanleitung

was muss ich tun
um Freiheit zu empfangen
ich spüre nur ihre Last
ihre Pfade entbirgt sie mir nicht

Sicherheit

hättest du Boden fest umschlungen
denn aufsteigen
möchtest du nicht
eckst am selbst am Ring der Nibelungen an
wo soll das hinführen
wenn du den Weg nicht einschlägst

Behausungen machen Menschen

Ecken von Wänden
werden Ecken genannt
Ecken an Menschen
meist mangelhaft
Ecken im Haus
sind schwer zu reinigen

Projektleiterin

du bereitest alles vor
fängst immer etwas an
wie kann es sein
dass davon nichts bleibt
wie kann es passieren
dass sich all dies nie zeigt

Die Manipulation der Garnitur

ist nicht in Stein gemeisselt
spottest nicht dem Behüter
sie liegt verwaist
vor deinem Eingang
und winselte leise
wenn jemand vorbeikam

Mission failed

unkonkret generiert
undenklich verwaltet
mit wackelnder Hand am Visier
zielt es sich eigentlich leichter

Denken hilft

meist nur in Gedanken
die Dinge sind es
die wirklich landen

Diagonale

du durchkreuzt den Raum
ohne dich umzublicken
das macht auch Sinn
und ist sicher schicklich
du betrügst deinen Traum
auch bei Tageslicht weiter
kaum jemand

Ohne dich Lebensabschnitt

keine Meisterklinke
hält mich mehr warm
als Bad dient eine Schweinekuhle
komm, geh
lass das Wünschen aus

Zeitvertrag

Jahreswagen beladen
mit Tonnen die Achser
halten die Last empor
auf der Schotterpiste
hört man das Leben
hört es nicht zu

Ausgesetzt

ich kann nicht in einer Welt leben
in der das, was zu tun ist
keine Umstände macht

lost in vision

so groß ist
meine Wohnung gar nicht
wie kann man hier drin
bloß eine Spülmaschine verlieren

Geistige Gesundheit

man muss die Feder rupfen
nicht die Gans

etwas zum festhalten

wie per Zufall
schaue ich täglich an diese Hauswand

Gift

ist all meine Medizin
Leben leidet ohne Schmerzen
Kratzspuren unter den Nägeln verwelkt

Gelegentliches Gelingen

ja manchmal kann ich
echt gemein sein
vor allem
wenn ich alleine bin
wenn niemand zusieht
und dann beim Zuweitsein
könnte es bleiben
doch zuvor muss ich weichen
für das was ist

Konzertgänger

bedrängen die Ohren
es ist zu weit weg
es ist hier so winzig
lasst alles stehen
der entflammte Artefakt
gibt sich launisch

no I don't

ich schreibe nicht
damit du es liest
doch schreibe ich auch
nicht nur für mich
nie kommt zu Gesicht
was dazwischen liegt
doch ein Zeichen dafür
ließe sich finden

Meeresenge

umzingelt
von 1000 Zeugen
die alle nur schwatzen
mauscheln und leugnen
und riechen und schmecken und schaukeln
die Luft frei von Feindseligkeit
doch überfüllt von Daten
das Gestrichelte entblößt
schon seine Brust

Der Umstand

umgibt mich
umschmeichelt
die Ecken und Kanten
an denen man sich einst stieß
zeichnet die Strecken
die zu gehen sind vor
vermeidet treffsicher
sich eine Blöße zu geben
und das tut gut denn davon
kann ich mich jetzt sofort
und jederzeit trennen

unbedingter Streifzug

wir ziehen umher
mit wässrigen Schritten
wir stoßen uns ab
mit tattrigen Tritten
(wir schicken uns vor)
wir schieben vor uns
die Zukunft vor her
und beleidigt
machen wir Pause

Dein Zittern

erwärmt mich
durch die erzeugte Vibration
deine Augenlieder
umschließen meinen Geist
jeder Tangens
der in deinem Haar gefangen

ich wollte gar nicht hart werden

zerwühlt meine Weltsicht
dein Schicksal
bleibt der blinde Fleck in mir

ich, nicht ich, du

ich denke gern
ich denke viel
nur dann nicht
wenn ich denken will
dann übermannt mich
das Gefühl

indeterminiert

wodurch ergibt sich Schwere
in Anwesenheit von Nichts?
Seltsam, doch manchmal fühlt sich die Welt
nicht physikalisch korrekt

verbrannte Erde

das eine angesengt
das andere niedergelegt
später getüncht
in Dementis der Klingsumme

Du Schweinehund

du innerer
du bist mir schon der Schlimmere
von uns beiden
versuche ich zu widerstehen
suchst du mich zu verleiten

Die Aussicht auf Wandel erstickt im Keim

ganz kurz
war alles gut
dann lange für Zeit
alles wie vorher

**Was du an mir als egozentrisch wahrnimmst ist eigentlich
nur eine mangelnde Grenzziehung zwischen den
Bedürfnissen anderer und meiner eigenen**

nichts ist Begegnung
als der Verlust von Abstand
kein Zirkel fehlt hier
doch den Weg geradeaus
zeichnet er nicht

Ohne Gedenktafel

überseht ruhig
 woher das herkommt
und wozu es führt
es bleibt dem Neuen überlassen
sich das alte wiederzuholen

Warum erscheint Einsicht stets als Aussicht

wer möchte
außer sich sein
wer sich mit ihr
in etwas verlieren
wenn ich das könnte
wäre ich endlich bereit
für das Dasein

nicht viel hier

heute steht nicht viel
auf meiner Liste
heute steht
weder viel an
noch etwas aus
ein Strich
und die Sache ist erledigt

Der Dreck

klebt zuerst unten an den Schuhen
jetzt verklebt schon meine Brust
Dreck ist es
alles zu begehren
was zappelt und was tanzt und was schmilzt

Zum letzten Gut gehört die Umkehr

nie wieder denken
an das, was noch kommt
nie wieder klein sein
nie wieder zu viel
jemand vergibt dir
wenn du das nur willst

Wort ohne Laut

Zungen treiben
Hoffnung vor sich her
auf Wahrheit
auf Gemeinsamkeit
Zungen treiben
Hoffnung auf Hoffnung auf
Zusammensein

Nahsicht, Nachsicht, Nachtschicht

magst du einen Kaffee
hatte sie gesagt
niemand war
damals ließ sie mich liegen

Blut

Regen tropft auf das Blatt
dann auf den Teppich
tropft der Begriff von Blut

ausstehend

vakant allemal
stürzt du dich
auf das was passiert
sie nur zu
wie sich meine Türe dreht

Der Glanz

deiner Zunge
niemand bricht mehr dein Schweigen
deine Wüste
nicht mehr vor mir
zurück zum Genießen
deine Lust niemals mehr
der Klang der Stille
hat dich mit sich getragen

Sauce Tartar aus der Dose

bitte nimm mich nicht zurück
für Umtauschware
war ich mir zu schade

Unbedingte Voraussetzung

ich weiß auch nicht mehr
ob du etwas vor
hast da nichts mehr sonst ist

Dreck

die Lichtflecken an der Wand
beginnen zu schimmern
die Selbstreinigungskraft
des Fließenbodens ist aufgezehrt
die Hundswache ist müde
und blind geworden

letztendlich ohne Artefakte

ich sehe stets
das selbe Hochhaus vor mir
bald, da bin ich sicher
wird auch dieses aufgeben

Früher hat das gepasst, jetzt stört es nur noch

mein Leiden gefällt mir nicht mehr
denn sie stiftet mir das Sammelticket
du gefällst mir nicht mehr
 das lässt sich nicht einmal
durch einen Reim verschönern

Nur ein Bindewort

und nie wieder
träum ich von dir
und nichts mehr
in dir fragt noch nach mir
und nichts mehr
beginnt zu tropfen
durch mich
und nichts mehr
schimpft mit mir
und nichts mehr
leidet unter mir
und stöhnt unter mir
und nichts mehr
beleuchtet mich
und nichts mehr
entfernt das Metal aus meinem Kopf
und nichts mehr
erwacht an meiner Seite
und niemand
fügt mich als Freund hinzu
und niemand
klopft mehr bei mir an

Der Türknauf

nimmt Reis aus
auf dem Boden
kauert die Signatur
war immer da
doch wird langsam
nach und nach getötet

vereitelt

trägt im Wortstamm schon
eine Überheblichkeit
gegenüber
dem Geschehen

Die Abwesenheit

von Frust
macht sie alles besser?
Und warum
mache ich dann noch Kunst

Offenheit

und wenn ich auch
den nächsten Augenblick verschwende
wäre auch dies
keinen Niederschlag wert
das ist absurd
denn ungedeutet
halte ich jeden Augenblick auf
meine Lider zu schließen
um dich nicht mehr zu sehen

alles außer einem guten Vorbild

heute siehst du
zum ersten Mal richtig alt aus
und das traf mich
obwohl es mich nichts angeht
mitten ins Herz

Die Rosenblüte

schneidet sich tief ein
ganz ohne Stacheln
in die Retina

gemeinsam

wirst du für immer
meine Gestern bleiben
oder darf ich dir
meinen Morgen zeigen?

Die Scheinung

es scheint dann ja doch so zu sein
dass ich weder meinen Müll
in einen rosaroten Eimer werfen muss
noch in einer Wohnung leben kann
die nach Menschen riecht
und noch auf der Hand
es scheint so
als würde ich den Garten behalten
und es scheint fast so
als hätte ich mir das gewünscht

Kleiderhaken

du vergräbst dich
in meine Untrennbarkeit
und kehrst wieder
in dem was ich fühle
du hältst dich
nie zurück
doch das bleibt
unter uns

Zeus zuwider

jeder Weg vor die Türe
ein Gang zum Schafott
jedes Klingeln, jedes Knacken
ein Schlag von innen gegen die Stirn
jedes Jammern
nur noch ein Winzeln
ohne Horizont

pure

die Welt ohne Kosmos
die Zecke ohne Koks
die Hütte ohne Holz davor
das Meer ohne Floß
ist meine Welt ohne dich

was du zurückbringst

wird sich erst zeigen
wenn es wieder
vergangen sein wird

**Meinen Wunsch, irgendwo Stammgast zu sein,
konnte ich zeitlebens nicht verwirklichen**

dezent Geschwungenes
erinnert an gestern
die Zukunft
nähert sich aus der
anderen Richtung
selten fraktal
zu oft eingleisig
Strenge entsteht nur
jenseits des Lebens
und geht doch von ihm aus
Wille wirkt nur als Verweigerung
das Abbild bleibt uns
nur das Reale vergeht

Tätigkeitsbericht

ich mache stets Notizen
von Dingen, die nichts nützen
zweifle am liebsten Tatsachen an
manchmal mit Lust
manchmal aus Zwang
und ich möchte mich verlieren
in deinen Gardinen

Durchstich

ein letztes Stück des Abflussrohres
ragt noch aus dem Stahlbeton
das wird sicher noch verputzt werden
bevor es publiziert wird

anteilig

auf dieser teilprivaten Steinempore
sitzt man und füllt die Asche mit Leere
das angrenzende Treppchen
zwingt die Füße sich schief abzuwinkeln
die Befreiung von geheimen Kräften
scheint hier notwendig zu sein
es ist
als wären alle meine Wege
nicht aus Papier sondern aus Stein

Abtritt

lauf doch einfach mal
gegen die Wand
dann wirst du schon wissen
wie sich Raufasertapete anfühlt

**Die Theorie Quantenphysik hat Auswirkungen auf
zwischenmenschliche Beziehungen**

kommst du
oder gehst du
bleibst du
oder stirbst du
lügst du und leidest
oder betrügst und vermeidest
begehrst du oder beneidest
verlässt du oder begleitest
du mich?

Buhmann

Begreifst oder verklärst du
vertiefst oder verscheibst
du die Oberfläche

Aufklärung

nicht von allein
ist viel immer gut

Analogie

du
fehlst in meinem Herzen
dafür
stirbst du in meinen Armen

auf Sicht

wenn sich Leben
nicht mehr anfühlt
schaue ich verlegen
auf die alten Wünsche
es drückt mich
nieder vielleicht
ergibt sich
dass es trotzdem bleibt

Platten und Steine

säumen mein Rinnsal
begradigt der
Abfluss der Tränen

Kälte

nichts um mich herum
bewegt sich
und in mir
nichts als ein Zittern

Umwege zum Glück

der Schmerz in deinem Hintern
wird die Gedanken lindern
doch ich möchte nicht mehr
spüren wie du bebst
ich möchte nicht
dass du mich liebst

Die verlorene Mitte

an den Rändern
nicht sauber gefaltet
ergibt sich in der Mitte
ein ungewollter Knick
und mit der Deutung desselben
erbricht sich mein Geschick
das Glas vom Durchblick beschlagen
keine Geste
nichts als Trieb

Ähnlichkeit bringt Identität

Was die Kaulen
 und die Quappen eint
ist nicht nur bloßer Schein
und auch nicht nur der Körper
ohnehin, meist stört er
da wo das eine
auf das andere trifft
entsteht nicht mehr
als ein Begriff

Inventur

nichts erreicht
nichts verloren
nichts bekommen
nichts gestohlen
nichts erhofft
um nichts bestrebt
ich habe mich schon überlebt

Die tiefste Zeit

war vielleicht jene
in der ich ohne dich ging
aber stets nach dir schaute
dafür verzeihe ich mir
was ich von dir geborgt

Alles ist nie vollständig

all jene Schritte
die wir getan
brachten uns fort
von dort wo wir waren
doch nur sich selbst
zum Vorschein

Ein einsamer Herrscher

in Zeiten
in denen etwas entgleist
in Reimen
in denen etwas entzweit
in Träumen
von denen etwas verbleibt
in Körpern
in denen etwas keimt
hält sie sich fest
am Mangel an Hoffnung
hat sie sich eingenistet
die Vernunft
hat sich das Leben weggeduckt
da werde ich nicht
alles hinwerfen

Prognose unwahrscheinlich

ob ich das
wohl jemals wieder entziffern kann
ohne Ziffern kaum möglich
selbst mit Ziffern nicht sehr wahrscheinlich
für meine persönliche Entwicklung
hoffentlich nicht weiter relevant

Antwort aus dem Jenseits

ihr Antrag
wird leider hiermit abgelehnt
doch möchte ich ausdrücklich festhalten
sie haben mir den Tag verschönt

Smoothies zum Mittag

Birne weich
Kürbis hohl
Apfel matschig
Banane gebräunt
Erdbeeren vergessen
Litschis nur light
Trauben in schwarz und weiß
egal
kein Obst dabei

Abbruch der Bestimmung

so eben noch zärtlich getümmelt
jetzt nur noch größtenteils verstümmelt

so eben noch zärtlich gestrauchelt
jetzt beinahe vergewaltigt
wiegen die Äste meiner Ulme im Wind
dem Wetter schutzlos ausgeliefert
nur ihre unsichtbaren Wurzeln
halten sie noch im Sein

Das ist hier aber

alles zu einfach
wenn es schon funktioniert
bevor es ausprobiert wird

Kelleranlagen

all welcome
all well done
setup walls
to present yourself
quite failed hard

Deine Erscheinung

ist meine Existenz
was du durch Sukzession erreichst
stellt sich vor meinen
Wahrnehmungsapparat

Mentorenprogramm

gelernt an Entlehntem
haben sich Dinge
als Beispiel entpuppt

Du brauchst dich nicht zu fürchten

vertraust du mir
mein kleines Nagetier
deine geheimsten Wünsche an
dann finden wir
nach all den Laufradjahren
vielleicht wieder zusammen

Friedhof

wenn Zeichen verfaulen
laicht in ihrem Kadaver
eine neue Bedeutung
das ist schwer mitanzusehen
denn Liebe ist zeichenlos

Der Ordnung der Dinge

habt ihr angeschleppt
zieht eine Schlinge
um meinen Hals
ich kann kaum noch atmen
geordnet sterbe ich bald

Teilaufstieg

Treppen gehen
Häuser liegen
Leben lächelt
Zufall platzt
meine Witwe flieht den Straßen

Aktuellen Standort freigeben

hier sitze ich und warte
bis die Zeit vergeht
denn wenn es soweit ist
möchte ich gewappnet sein

32

es ist ganz fürchterlich unwahrscheinlich
und bleibt doch die einzige Möglichkeit
das zu beenden
was gewesen ist
das abzuschließen
was offen vor uns liegt

Steinplatten

gewähren Abstand
zum Abgang
des Seins
auf das ihm niemand entrinnt

Flaneur

gesenkten Hauptes
Flammen entflammt
zu viele schon
ein Leben lang

Selbstverplfichtung

du musst nicht alles tun
aber darfst auch nicht alles lassen
damit dein Dasein
dich nicht relativiert
zu etwas musst du doch gut sein

Die Mütze mit den Ohrenschützern

hast du mir verboten
dafür kann ich dich
nicht oft genug loben

Dauer vergeht

Moos auf dem Rücken des Kresseigels
zu viel stand derweil nebenan das die Samen stahl
die Überwinterung
wird er so nicht bestehen

Herz im Kopf

warum ist das Herz
nicht geteilt in zwei Hälften
stattdessen verteilt es sich
in zehntausend Welten

Darstellung ohne Bezeichnung

warum ist der Hass so greifbar
und die Liebe so diffus
es ist wie eine Zwangsinventur
bringt Verborgenes zum Vorschein
was in den Büchern fehlt

Zickzackzeichen

geklammertes Dasein
nur wenn dann
kaum mehr als eine Randnotiz
im Autorenverzeichnis

bigger than you

und wären wir größer
unter dem niedrigen Himmel
wäre das Jenseits
nicht ganz so weit entfernt
gäbe es dort Wellenwurf
etwas zu greifen

Werk und Wald

dieser willkürliche Drang
nach Liebe
er lässt mich erschaudern
es küssen sich
das Sein und der Schein
nur an den Außenmauern

Ausspruch

voll den Plan verloren
der Leerraum hingegen
immer zur Hand
der kürzeste Umweg
zeigt sich keinem dieser beiden

Alles kommt von dir

nichts steht außen
nichts drängt hinein
nichts steht außer dir
nichts bringt dich zurückbringst
nichts vermag dich einzufangen
niemand deine Energie zu bündeln
es scheint schon ein kleines Wunder
wenn du dann doch einmal ermattest

Ausleben

mal so ganz obsessiv
nein, dann doch lieber schlicht
nein, bitte überrasche mich
mal ganz subjektiv betrachtet
kaum etwas
das ich mehr verachte

Pfändung

obgleich hier alles wohnt
ist niemand vor Ort
fühlt sich niemand zu hause
wischt niemand den Boden
bleibt niemandem
die Nebenkostennachzahlung erspart

Räuber der Liebe

sagt man seien sie
die Wünsche der Hoffnung
weil meistens ohne dich

Etappensieg

tragen dich die Dinge weiter
wenn du nur fest genug dein Herz verschließt
was man fühlt
das geht vorbei
nur was man vermisst
das bleibt

Sonderrolle

ansprechend anders
so muss es sein
unvertraut
und doch bekannt
der Abdruck der Beständigkeit
das einzige Aufnahmemedium

Schlusslicht

erst wenns eng wird
dann schweigst du
nur wenn es
um alles oder nichts geht
zeigst du eine Regung
heiß muss es hergehen
damit du überhaupt denkst

Sicherheit

du hältst in der Hand
was andere begehren
da muss, wo du fandst
doch weiteres noch liegen

Ein Umkehrschluss ist kein Richtungswechsel

und dann gegen Ende
hebst du den Träger
und lachend
zeichnest du einen Kreis
in die Luft
mit der Hand
und mit dem Stift
ein Quadrat
auf den Boden

Übermaß an Existenz

es gibt solche Tage
die sind wie nie gewesen
und dann gibt es jene
welche zu diesen führten
Tage
die sich nicht ändern
aber an denen du
für einen Moment zu dir kommst

Das Diktat

dort wo Strand landet
wo Sand watet
wartet schon das Watt auf mich
hier unten im Süden
nicht sehr plausibel
auf der anderen Seite jedoch
kaum zu widerlegen

Besinnung war gestern

zurückgeführt
auf Wesentliches

Flucht

es liegt ein Fluch
auf dem Sein
der es verschließt
Gedanken betäubt
wenn man sich nährt

Geh heute bitte nicht noch einmal

und draußen stehen Riesen vor der Tür
die bewachen
deine Unentschlossenheit
die sorgen dafür
dass niemand zu dir durchdringt

Warum darf ich niemand töten wollen?

kleine Männer
verschwenden weniger Zeit mit dem Werden
als die großen

Umzugsgestalten

du willst hier weg
willst es dir woanders
gemütlich machen
mit anderen
den Vögeln lauschen
und lachen

Politur

unter dieses Oberfläche
steckt die Tat
ein bisschen holprig
mauert das Leben
das sich unterm strich
doch irgendwie lohnt

Nur ein kurzer Aussetzer

und immerzu
schreibst du Worte in ein Buch
wenn alles weitere
beim Leser liegt
musst du jetzt aufhören

Beziehung ohne alles

um Liebe zu sein
muss Liebe zeitlos sein
und frei von
anderen Annahmen

Seitenlinie

man tut was
getan wird
muss man
aushalten

seitenverkehrt

das hier ist
die vorletzte Seite
darum bitte ich dich
blätter schnell um
lass sie links liegen
dann bleibt diese Frage
stumm

Kaulquappenquader

an der Strinwand
des Frontallappens klebend
ein Überbleibsel
der organischen Natur
im digitalen Raum

ich wollte nie

erfolgreiche Kunst machen
das einzige Ziel war
Dinge aufzustellen

nun sitze ich hier
kein Ding steht mehr
um mich herum

vielleicht sind es nur Bruchstücke
die mich lieben können

destabilisiert

auch ne Variante
auch ein Weg zu sein
leider auch

Nurgefühl

die Welt liegt mir zu Füßen
witzigerweise immer noch
seit Jahren liegt sie da und wartet
und ich hab sie ignoriert
immer den Lüsten den Vorzug gelassen
die sie kartographiert
nie in trockenen Tüchern
meist in klatschnassen Sachen
und dennoch liegt sie da
und wartet
auf mich
wie ich auch

Abschied, absichtlich

warum kümmert dich
der Fließenanschlusswinkel
Auftragsarbeit, schnell erledigt
kein Grund dem zu gedenken
Wesentliches wird nur noch erezugt
nicht mehr gefunden

Erinnerte Erinnerung

im Schatten der Sommerberge
liegt das Auslauftal
in jenem bleibt
was sonst vergeht

Schinkenstreifen

wollen in der Regel nichts vermitteln
vielleicht etwas begleiten
ganz sicher jedoch
sind sie nicht dazu fähig
über sich selbst hinaus zu weisen

über diese Zeiten
denkst du besser nicht so viel nach
darüber grämst du dich
besser nachträglich nicht
damit schließt du
hier am beste ab

The worst part of life happens online

zündel nicht
mit deiner Seele
angesengt
wird sie nicht schöner
und man sagt dass
wenn sie verbrennt
nach Horn riecht

Zufallskalkül

gewesen einst
oder legte der
nur die Kausalität frei

Anwesenheitsübung

dort stehen sie alle
lieben sich
bleiben beisammen
 keiner kennt mich
das ist okay
wäre der Kreis nicht geschlossen
wäre er nur eine Kurve

Morgen

und
Abend
gleichen sich zusehends an
kaum lässt sich sagen
wo welches endet
wann welches begann
oder worin es mündet

vergaukelt, verzockt, verblasen

vorurteilsfrei gelegen
am Rande der Macht
kaum eine Möglichkeit zu unterschwellig
der falsche Begriff
verstört
sendet die falsche
Begegnung

Zu Anfang

ist es Illusion
das was ist
von dem was scheint zu trennen
nur das
wie es erscheint
erst über Zeit
erstrecken sich die Ebenen
zwischen denen Untatsächliches
möglich wird

Zeit verdrängt Gedanken nicht

Gedanken führen zu Gefühlen
doch an Gefühle kann man
sich gewöhnen

Auslaufmodell

meine Schuhe
leuchten mir entgegen
blenden mich
bei vollem Schritt
all meine Wünsche
von den Sohlen
durch einen verbesserten
Querschnitt getrennt

Verfallsdatum überschritten

unser jüngstes Band durchschnitten
meine allerliebste H-Milch
unsere Beziehung
war zu kurz
dafür sehr intensiv
aber selbst du
hältst halt nicht ewig

Möchte Döchte

ich möchte dort sein
wo noch niemand vor mir jemals war
als erster einen Abdruck hinterlassen
gleich ob von Hand, von Hintern oder Fuß
ungepflügtes Terrain
möchte ich erschnüffeln
ohne auf fremdes Revier zu stoßen
also lasst mich alleine
denn in der Einsamkeit
bin ich immer der erste
bringt all dies
wirklich nicht mehr
als es verspricht

Versprechen verbrochen

woher kommst du
welchem Moor bist du entstiegen
aus welchem Holz bist du geschnitzt
welche Brandung hat dich angetrieben
wie dem auch sei
hier bist du jetzt

Wenn Sein und Theorie in eins stürzen

Zufall
ist die Ursache
für Struktur

Dämmerung

du deutest
mir zärtlich den Weg
doch deine Hand dazu
reichst du mir nicht

Ohne Anforderung

umkämpft
umzingelt
umschrieben
unterjocht

Gemeinsamkeiten ableiten

Komplizen bis
in die Ewigkeit
nur die Beute
zu unterteilen fehlt

Umwegweiser

was ich will
ist Unsinn
darum handel ich stets
kontraintiutiv

Guten Tag

da ist die Wut
der Frust, der Ärger
wischt man sie fort
werden sie stärker

Chimäre

eine Schneise
gedeckt mit Terrassenrasen
schlägt sich in den Vorgarten
der der einzige ist

Dockingstation

unverblümte Freude
vermodert hier unter dem Laub

Der Wind

zerzaust das ausgefallene Haupthaar
umspielt die Gedanken
eines anderen

Der Kleister

verleiht den Dingen
mehr Halt
er unterbricht
die natürliche Fügung

Der Geist

quillt zwischen den Fugen hindurch
alles wünscht sich ein Ende
ein Abschluss
der die Gedanken zerbricht

Ohne Kerker kein Schritt weiter

zu früh
um etwas über den Tag zu sagen
zu spät
um den Morgen noch hinaus zu zögern
zu viel ich in meinem Bett
im Verhältnis
zu schade
dass du nicht hergefunden hast

Konjunktion

und alles Schöne
schwingt nach
in deiner Begegnung
das du vertrieben hast

Biologin

verhalten
starre ich der Welt in den Ausschnitt
der sich zeigt
den verborgenen
stelle ich mir vor

Zufälligkeitsgeste

abgebunden, hier entlang
vermessen jenes gezeigt zu bekommen
das sich auf dem Wagen stapelt
staunt und ihn einem Jahrmarkt gleich säumt
die nächste Kehre
bahnt sich schon an

Gelagert in der Sofalandschaft

abgemurkster Zweck
haltet mich
bitte von mir ab
schaut danach, dass ich
nicht zu nahe komme
an der Romantik Ecke
den Informationsknoten
den Hauptgewinn

Nichts bleibt in deiner Wahrnehmung haften

eine Geste der
Verantwortung
erlischt in ihrer
schütternen Konsequenz

Kolossos

auf deinen Schultern
liegen Hände
von denen du nicht weißt
ob sie setzen, stellen oder legen
bedrücken, klopfen oder kneten
jedoch bist du sicher
sie haben mehr als zehn Finger

Rundumblick

ich blicke mich um
niemand blickt zurück
in diesem Umkreis
wird niemand erfasst
förmlich findet
nichts statt
alles nur da zu vergessen
der doppelten Regen
schlägt die Trommeln
in Gedenken an Gefallenes

Das Gelöbnis

eines Kugelschreibers
lautete zu tiefst bescheiden
Niemals wird mit mir
auch nur eine Zeile geschrieben werden
die einen Weg findet
zu bleiben

Jubelgeste

wie geplant
gleich ist der Arm oben
der Schrei ausgestoßen
kurz bevor
alles zuschlägt
und die Grammatik sich rächt

straight forward

kein Zauder mehr in diesem Garten
hier sprießt alles
unaufhaltsam empor
selbst die Jahreszeiten
haben auf dieses Wachstum
keinerlei Einfluss mehr
die Kräfte der Natur
vermögen nur das Natürliche zu bremsen
doch das Wachstum
meines Gartens
spottet jeglicher Natürlichkeit

Gegenwert

kontradiktorisch
verläuft unser Gespräch
fachlich kaum erwähnenswert
doch mit großen Emotionen

Wiedrholung

schon wieder ist
vergraben
nahezu alles
durchdeklaniert

Unbefinden

doch zuletzt steht dort
die Absage
am Fuße des Papiers
an so vieles
was sich mit mir
identifiziert
also lassen wir das
die Pubertät ist vorüber

Koalitionstot

ich muss im hier und jetzt versinken
Zukunft, Zugang und Vergangenheit
gehören der Wahrscheinlichkeit
die darf niemals unser jetzt zerstören

Im Nachgeschmack ein leichter Schimmelpelz

vermachst du mir
die letzte Seite deines Buches
nur ihre Oberfläche
nicht ihren Gehalt
wo du nur auf dich verweist
und kein Geleit bietest
sie wird mir
ein Spiegel der Tatsachen werden

Etwas blass um die Nase

blutleer bis hierher
niemand hat zugehört
zuerst muss die Schlacht beginnen
 diese Schlacht, die
alle verführt
doch niemand gewinnt
und niemand verliert

Gegen Ende

letztendlich weißt du
erst dann wo du stehst
wenn sich dein Brustkorb
nicht mehr hebt
auch wenn du dann
wahrscheinlich liegst

Kommunalpolitik

dich überzieht eine Schicht
geschwungener Mauerbrauen
du lehnst dich gegen die Wand
und deine Hülle umschließt
das ganze Gebäude

Ich habe euch zu lange nicht gesehen

Verwandtschaft pflegt
was Eigenschaften trennt
Identität stiftet
nur die doppelte Rolle

unhintergehbar

Umliegendes
durchbohrt meine Abwesenheit
dringt in mich ein
macht mich
bestimmt mich
füllt mein Inneres
mit meinem Außen

Abwesenheit Sonntag

heute ausgeblendet
schöne Tage
alles in allem
ist alles genug

Der Kormoran

stand am Anfang
einer Obrigkeit
die sich nicht in die Karten schauen lässt

Idealismus

so ein Grundsatz
hat etwas für sich
denn er veranlasst
oft die interessantesten Handlungen
auch ein Wortschatz
ist etwas
auf das es sich zu warten lohnt

Nicht alles lässt sich in das Bild einfügen

Fenstersicheln verdecken
bei diesem Einfallswinkel
jegliche Vorstellung von mir

Neurowissenschaft

ein Stahlrohr
das sich durch den Kopf bohrt
wirkt wesensverändernd
die eigenen Gefühle
dann kaum noch zu bändigen

All das war Leben

doch was ist es jetzt?
die Antwort steckt in jeder Kehre
miterleben

Chromatisch

Dunst legt sich
dein Dunst legt sich über
etwas anderes zum Schutz

missing commitment

immer ein bisschen daneben
nie ganz bei der Sache
nie ganz dabei
immer ein bisschen
Spielraum

Mangel an Einfluss

ich tue nichts
dennoch passiert es
offensichtlich spielt
meine Handlung keine große Rolle

Jammerweiber

du leidest nicht
unter deinen Fehlern
schwebst über ihnen
schaust herab auf jene
die sich darum kümmern

Garderobe

verkleidet gefällt
die Tragik dem Publikum
nur de r Autor
hadert mit den Worten

Handvoll Maß anlegen

zu klein
zu groß
das Ich bleibt das Maß
für zwei
für einen
ohne Einheit

Begegnung

vielleicht kommt eine
Eingebung vorbei
zu oft blieb sie
schon an Ort und Stelle
verträumt in Vertrautem

Den letzten Faden durchshcnitten

durchtrennt ist die Einheit
die Unterscheidungen macht

Abwarten

ich sitze den Mond aus
der Nachbar redet
doch ich verstehe ihn nicht
der Boden vibriert
unter mir Liebe
ich sitze den Mond an
der Geist schläft noch nicht

Falsifizierung

ein Knall
noch einer
ein Schuss?
ich glaube kaum
doch von der bloßen Annahme
kann ich nicht leben

Triebkraft

ein unruhiger Geist
beschert dem faulen Mann
eine Paradoxie
war dabei sein nicht das Ziel
es blieb unerreichbar

Inkognito

du musst deine
Existenz verhüllen
sonst zerläuft dein
Sein und die meine
musst du meiden
weil sie zu deiner
nicht passt

Konsiliargesellschaft

ausgemachte Bilderfreunde
ihr die ihr innen zurückwollt
die für immer
euren Senf dazu geben müsst
damit es euch schmeckt

Kreislaufkollaps

eine Ausfahrt zu früh
rechts abgebogen

Abgase

neben mir ein Schornstein
auf Augenhöhe
zum Glück
rein perspektivisch

Straßenzeichen

du kreuzt
was du brauchst
steckst die Lunte an
die andere legten
verzweigst dich
in Keller und Dach
entziehst der Luft
die Leichtigkeit
meidest mich
muss ich annehmen
denn niemals bin
ich dir begegnet

Aus

ich bin so traurig
kein Lacher hilft mehr
kein Schmunzeln
hebt mich mehr an
nur wenn ich in der Sonne sitze
und direkt in ihre Richtung blicke
rücken die Dingen wieder näher

nochmal aus

ein wenig zusammen
dann dies verkniffene Gesicht
 ist das einzige
das stimmt

nochmal noch ein aus

wir liebten uns
zehn Jahre lang
dann hieß es plötzlich
Neuanfang
nicht mit der Liebe
mit dem Leben
man könnte sagen
aufgegeben

Alles in einem

Sonne lebt
Sonne tötet
er kam auf die Idee
sie daran zu messen
sie bleibt wohl
das Medium schlechthin

Warum fragst du?

du weißt in diesen
Taschen wächst Moos
doch du bekommst es nicht zu fassen
die Angst ist zu groß
du traust deinem Träumer
nichts mehr zu
du hast nichts mehr
zu weinen
deine Wahrheit
mein Traum

Andere

was andere tun
sollen andere tun
werde nicht ich tun
lass ich geschehen

wer andere liebt
der anderes gibt
als er sagt

was andere tun
kann ich nicht
mit ansehen

Körper

was in deinem Kopf ist
kommt niemals heraus
es bleibt dort gefangen
niemals geht es weg
und was war lange
vor mir schon da

Austritt

geh ich rein
geh ich raus
ist zu heiß
ist zu kalt
bin ich dran
bin ich raus
so ist das halt
nur das offene Fenster
eine letzte Hintertüre

Komm nicht heraus mein Schatz

am besten hält sich
was sich am längsten versteckt hält
am besten beweist sich
was man nicht überprüft
zu Weilen gefällt sich
der Adler im Moos

Amateur

einfach mal Flugrichtung ändern
und die Landebahn sprengen
und vergessen
was alles ist

Nichts

dein Kopf
rennt unentwegt
doch dein Herz
steht still

unter Aufsicht

wäre mir das nie passiert
was sich in der Draufsicht
selbst eliminiert
bleibt aus der Froschperspektive
unverständlich

Niemand

deine Finger
berühren mich nicht mehr
deine Finger
bestehlen mich nicht mehr
deine Finger
drücken nicht mehr meine Klinke
doch viel schlimmer
ich begehre ich weiß
nur nicht wofür

Durchsicht

Scheibengeister da draußen
sind angeblich kreativ
spiegeln sich in
dem was zwischen uns liegt
doch nur wenn ich keuche
sehen auch sie mich

Konsequenzen

will keiner haben
aber muss jeder fürchten
der handelnd erträgt

Annahmen

dauernd dieses Wissen
dieses vermeintliche
dieses bedeutende
dieses naheliegende
dauernd dieses
nach Luft schnappen
Sardinen sind wir
in der Büchse der Welt

Variation auf Leben

ich atme ein
ich höre auf
die Welt nimmt weiter
ihren Lauf

Mitteilungsbedürfnis

seht nur her wie ich hier unter
Lasten nicht zusammenbrech
beobachtet genau die Haltung
die an den Tag ich dabei leg
und verzeiht mir
falls ihr den Augenblick verpasst

Schweigeminute

wenn du fertig bist mit reden
beginne ich langsam zu verstehen
deine Worte bleiben mir zwar
weiterhin verborgen
doch im Gegensatz zu früher
enthüllen sie jetzt deine Sorgen

Am Anfang

war sicher nichts
dann war der Anfang
vorbei
nur was auf den Anfang folgt
hat eine Chance zu bleiben

Schon wieder

eine Wiederholung
schon tiefer
die Kenntnis der Figur
unendlich traurig
aus Schiefer

Bad sex

der Rhythmus
hat gefehlt angeblich
doch weit und breit
keine Metronom in Sicht

Elchtasse

fast gehörst du
schon zu meinem Inventar

Abkehr

ich schaue angeekelt weg
wie die Nacktheit
hinter Milchglas
ihre Zähne bleckt
ich sehe nackte Menschen
vierhundert Meter entfernt
ungefähr in der späten
Dämmerung das Fenster hell
doch die nackten Menschen
bewegen sich nicht
vielleicht sind
sie gar nicht nackt

Devot

lieber lass ich mich anschreien
als das gar niemand
mit mir redet

Himmel

wohl geordnete Sterne
über mir
darunter alles
durcheinander
sortieren
können nur Fohlen

steady shot

sitzen geblieben
beim Feueralarm
in jedem Meeting
war es wieder Thema
klar war es wirklich gefährlich
aber mal ehrlich
so ein bisschen ankokeln
hat noch keinem geschadet

Kleckse

in den Augen
schieben sich vor
dein inneres Bild
überblenden
jegliche Vorstellungskraft

Die Kühe sind draußen

du zäumst dich ein
von außen
und dann siehst du
dich dort stehen
schaust nur in die Tiefe
und dieses Schwarz ist wunderschön

Zynismus

du arrogantes Sternenluder
was stellst du dich über mich
geh mir gefälligst aus dem Himmel
du versperrst mir den Blick
in der Schwärze der Präextsienz

Scheintod neben mir

schließlich leblos deine Augen
jetzt nicht, bleib
noch eine Sekunde hier
hör auf und sei leise
ich höre dein Denken
du musst jetzt in mir sein
und nirgend
wo sonst

Du konntest dieses Wort fünfzehn Jahre nicht aussprechen

unser letztes Treffen
war unser letztes Treffen
eine Sprache
in der diese Sätze
keine Tautologie erzeugen
wie soll man die ernst nehmen

Querschnitt

du watest durch Wahrheit
doch Wahrheit
lässt sich nicht durchqueren

Pfandhaus

und alles treibt sich
zum Besseren
und dort bleibt es
liegen
und dort
bläht es sich auf
bis es anfängt
zu verwesen

Graffiti wirkt nur in der indirekten Rede

das man alles machen könne
das schrieb er an die Wand

Mäh, mäh

ich bin so allein
ich bin so verlassen
es ist kaum zu fassen
ich bin so einsam
und so unberührt
was ist bloß
mit mir passiert
ich bin so ich
und ihr seid nur ihr
wir brauchen beides
damit es wirklich wird

Quersumme

bei allen ists ein bisschen viel
nur bei mir ists viel zu wenig
bei allen läufts
gehts gut voran
nur bei mir bleibt
alles im Bann
nur ich ist
zu wenig

Alter

hier fließt nichts mehr
alle Kanäle verstopft
und das Verflossene liegt
schwer auf der Umgebung

Überzeugungsarbeit

irgendwas, irgendwann
irgendwo, egal warum
schaffst du das schon

Verwirrung und Erkenntnis

nichts auf dieser Welt
ist mir so fremd wie du
was durchaus daran liegen kann
dass ich auf dieser Welt nichts besser kenn

Zuflucht

Wolken welken
am heiteren Himmel
Nelken ersinne Welten
florierend
jede Kurschwankungen mitmachend

Korinthenkacker sind begehrte Arbeitstiere

auf Karteikatalogen
stehen Namen
von jenen
die erst waren
manche nur
auf Stühlen

Damals war

die Welt noch nicht bestellt
jetzt ist sie weg
denn jedes Anwesende
tötet die Brache

zügellos

Ziegel liegen
aber Ziegel
schweben doch auch irgendwie
wie halten und gehalten werden
zur selben Zeit
keiner kam ohne den anderen

Scheinschmerz oder: das tut eigentlich gar nicht weh

Schritte, Tritte
nur eine Frage
der Perspektive
nur eine andere
Einheit
zur Messung der Distanz
zwischen dir und der Welt

Duett

Doppelbeleuchtung
immer noch Schatten
Doppelbelichtung
immer noch präsent
doppelte Verneinung
endlich ich selbst

Du stehst

zwischen dir
und deinen
Möglichkeiten

Der Wind

blättert immerzu
unpassend um
aber so ist das
mit der natürlichen Selektion

Ungenügend, durchbrochen von Lichtblitzen

nichts an dieser Dichtung
fällt mir schwerer als das Versmaß
nichts in diesen Zeilen vermag
in einem Reim zu verweilen
nichts an diesen Sätzen
vermag uns zu verbinden
wieviel bunter ist als Leser
doch ein Unbekannter

Der Sumpf

mit Eisklauen
streichst du mir durchs Haar
ein Erlebnisgutschein
nicht mitinbegriffen
ohne ein Zwinkern
schaust du mich an
ohne ein Lächeln
vergingen die Jahre

Ich?

meine Konsequenzen
trägst du noch
meinen Ring jedoch
hast du abgelegt
und jegliche Erinnerung
aufgelöst
wie eine Brausetablette
in homöopathischer Dosis

Abbruch

ihr seid zu groß
für mein Herz geworden
so viel Liebe
hat hier keinen Platz

Annahme bestätigt

früher dachte ich
alle Leute wollten
ihr Inneres ergründen
das erschein mir selbstverständlich
das lag für mich
auf der Hand
so langsam verstehe ich
darum geht es nicht
denn das innerste Ich
verdenkt nur die Angst

Keine Flausen

mehr im Kopf
würdest du zusehen
hättest du das längst erkannt
doch in deinen Augen
scheitert alles im Symbol

Wie die Wirklichkeit

wie sanft sich das verdaute Rosa
von diesem weiß durchleuchten lässt
Hintergrund der Lindenblätter
leicht wie eine sieben
unterhalb des Halses abgeknickt
wie du der
Erde zugewandt

Umlage

verloren im Garten
des stetigen Wartens
die Blumen blühn prächtig
das Ungeziefer sprießt
die Büsche weit geöffnet
jedem der sich hier tierisch gibt
doch kein Zaun umgrenzt ihn
kein Tor öffnet den Zugang
keine Regeln
gelten hier
die man aussprechen könnte

Trugschluss

versäumst du das hier und jetzt
immer nur drüber
im Dunkeln
der einzige vielleicht
der nicht den Deckel
des selbst liegt
doch leider geht das nur
indem es ganz
zertrümmert wird

Abschussrampe

und wenn du gehst
sag mir bitte nicht wohin
dann kann ich meine Augen schließen
und wenn du es mir sagst
geh bitte nicht zu ihm

und wenn doch alles so kommt
so waren wir
zumindest dabei
das kann auch nicht
jeder von sich behaupten

Idealismussubstitut

letztendlich weißt du erst wo du stehst
wenn sich dein Brustkorb nicht mehr hebt

Querverweis

Wie sehr schneiden uns doch Nacht und Tag
in zwei Hälften
die sich so oft entgegenstehen
lächelnd zeigt uns die künstliche Welt
was sie uns bedeutet
zeigt der künstliche Geist
immer über sich hinaus
Bewertungen bleiben
da schon mal aus

Geht mich nichts mehr an

dein Schlaf umspielt deine Brüste
er hebt sie an
und sie verharren kurz auf dem Zenit
ehe sie wieder niedersinken

Die Zeit

zeigt sich
uns als Dauer
Dauer jedoch
gebührt dem Gast nicht
bleibt er doch für immer
dem jetzt nur verpflichtet

Die Gedanken

sind da
auch wenn sie hier
nicht hergehören
sie drängen aus der Unterwelt
um den Schein der Existenz zu spüren

Ohne Begründung

Dies hier ist ein Versuch
euch alle zu lieben
deswegen ist er sehr kurz
denn ihr liebt nur die Triebe

Selbstaufgabe

ich bin zu klein
um zu verschwinden
ich höre es
doch betrifft es mich nicht
ich könnte aufhören
dir nur zu danken
doch entlohnt werde ich
nur anhand von Sekunden
in denen ich schwitze
dann bleib ich hier liegen
und lausche

Ungeleitet

niemand zeigt mir Worte
die ich unbeholfen lieben kann
so bleib ich gefangen
in meiner eigenen Rede, die
auch wenn sie stammelt und stockt
abbricht abrupt
und eine andere Richtung einschlägt
sich letztendlich
nur um sich selbst dreht

Jetzt vorbei

jetzt verstreicht der Moment
in dem es hätte beginnen müssen
uns hilft kein Kit mehr
keine Brücke
kein Gedanke
führt mich mehr zu dir

Schärfendes Leder

unter euch
muss eine sein
ihr könnt mich
ja nicht alle verlassen
doch was sich an mich bindet
ist schon so gut wie tot

when we went

to the forest once again
the trees, they started whispering
the ground here
is full of love
but you shall not be listening
to what others say
I told you once

Durst

wie oft ich dich schon fragen wollte
ob du ja sagst
es hat nie geklappt
stets kam kurz zuvor
eine notwendige Bedingung hinzu

*Der Autor, geb. 26.0.08.1979 in Stuttgart,
wohnt in Karlsruhe und arbeitet als
Softwaretester, freier Künstler und Autor in
Karlsruhe und Frankfurt a.M..*

Kontakt:
0049 15231 935807
jvkleist@gmail.com